O
Sopro
de
Deus

© Paola Lucciola, 2018
© Quixote+Do Editoras Associadas, 2018

AUTORA Paola Lucciola
PROJETO GRÁFICO Adriano Ávila Alamy
DIAGRAMAÇÃO Caroline Gischewski
REVISÃO Valter Braga

EDITORES Alencar Perdigão
Cláudia Masini
Luciana Tanure
Thásia de Medeiros

Catalogação na Publicação (CIP)

L934
    Lucciola, Paola
    O sopro de Deus / Paola Lucciola. – Belo Horizonte :
Quixote+Do Editoras Associadas, 2018.
    192 p.

    ISBN: 978-85-66256-39-0

    1. Lucciola, Paola, 1969-. 2. Autobiografia. 3. Espiritualidade.
4. Técnicas de autoajuda. 5. Autorrealização. I. Título.

                                                              CDD: 923.4

Bibliotecária responsável: Fernanda Gomes de Souza CRB-6/2472

Quixote+Do Editoras Associadas
www.quixote-do.com.br
31 3227.3077

O Sopro de Deus

Paola Lucciola

EDITORA

Agradeço a Deus, meu Pai, por tornar possível cada amanhecer.

Em memória do meu pai da terra, que nunca lerá esse relato, mas que soube, por todo tempo enquanto viveu, lutar pela vida de tantos.

SUMÁRIO

INTRODUÇÃO	*11*
I – OS ANCESTRAIS	*17*
1. A tempestade	*17*
2. O deserto	*24*
II – FRAGMENTOS – As lembranças de uma vida	*29*
1. A sentença	*29*
2. A aluna	*30*
3. Juventude	*39*
4. A escolha	*42*
5. Vivendo livremente	*45*
6. Pastos verdejantes: uma mensagem para o futuro	*51*
7. A dor tem seu tempo	*56*
8. Transformações	*70*
III – A TEMPESTADE	*75*
1. Em queda vertiginosa	*75*
2. Onde estou?	*86*
IV – O DESERTO	*93*
1. O mar não é mais azul	*93*
2. O vale das sombras: 2014	*99*
3. O espírito do leão	*103*
4. O abismo: 17 de agosto de 2014	*108*

V – O SOPRO DE DEUS — 113
   1. O sopro de Deus — 113
   2. O impossível — 116
   3. O campo da promessa — 135
   4. Pela graça — 143
   5. O sentido do caminhar — 147
   6. Na fraqueza, a força — 153
   7. Uma marca soberana — 157
   8. Após o deserto — 169
   9. A glória a Deus — 173
   10. Um tão grande amor — 175
   11. Sob o abrigo do Altíssimo — 177
   12. Reduzindo o impossível: o prédio do tobogã — 186

INTRODUÇÃO

Cada um de nós tem um relacionamento único com Deus e Ele nos trata com a atenção que um pai dá ao filho único.

No momento em que senti que precisava escrever este relato e enquanto ia colocando no papel tudo o que vem a seguir, ficou claro que estava fazendo um livro e precisava encontrar o título de como seria conhecido.

O tema inicial era a doença depressão, mas essa história – da qual sou personagem e não autora – tem como mensagem principal o poder e o amor de Deus.

Aqui é Ele o verdadeiro Autor.

Então, num *flash*, me lembrei da madrugada em que acordei no CTI do hospital. Eu tinha voltado ao estado da consciência e sentia muita dor.

Inclinados sobre mim estavam dois médicos que me deram as boas-vindas no estilo próprio deles: me fazendo um monte de perguntas.

Eu respondia tentando acompanhar o ritmo, e logo me contaram que também, numa madrugada do que seria o dia do sinal verde para uma provável doação dos órgãos, um fato aconteceu.

Desde o momento em que entrei na emergência do pronto-socorro, eu estivera ligada a uma série de aparelhos, e dois em especial, os que mediam as atividades cerebrais e os batimentos cardíacos, mostravam que, de fato, apenas um corpo estava ali.

Esses aparelhos, até então indicando os níveis mínimos, de repente, sem que medicação alguma – além da que já estava sendo fornecida – fosse dada, dispararam.

Após contar tudo isso, pretendendo tornar clara a impressão que teve sobre os fatos daquela madrugada, o médico finalmente encontrou as palavras: "foi como um sopro". Em seguida, a voz de uma pessoa que estava atrás dele completou: "o sopro de Deus".

Por tudo como aconteceu, este livro não pode ter outro título e como está claro, esse título foi um conjunto de frases que surgiram pelas circunstâncias. A ideia não foi minha, mas não duvido nem por um segundo que é muito bem inspirado.

Em promessa, Deus afirmou:

E tudo o que pedirdes em oração, se crerdes, recebereis.

Deus se atrasa? Ele chega tarde para salvar aquele que nele crê?

Sendo a omnisciência um de seus atributos, Ele sabe das nossas ações e limites muito mais e melhor do que nós mesmos.

Assim, o teste da fé é nosso e não Dele.

Quando eu gritei o grito silencioso, cheguei a duvidar do Seu amor e da Sua promessa. Me acreditei sozinha e abandonada. Caindo no abismo da morte, meu último pensamento foi para Deus.

Acalmai e sabei que eu sou Deus.

E então a noite virou dia.

A vida inteira eu vivi sob paixão. Se ria, ria com vontade; se estava triste, às vezes chorava; quando tinha um sonho, eu buscava; quando queria vencer, eu me empenhava.

A depressão cortou meus sonhos, meu riso, minha vontade de vencer, minha alegria e até cortou minha capacidade de chorar.

Agora sei que caí pela ignorância. A ignorância de tantos.

Um grande amigo, dotado de inteligência e sensibilidade incomuns, me disse certa vez que a depressão "é um acúmulo de história". Reconhecendo a sabedoria nessa definição, pensei sobre a profundidade do que disse.

Registrados na minha memória – no cérebro, lugar físico afetado pela doença depressão – estão armazenados os fatos que desencadearam essa queda, que foi lenta, progressiva e insuportavelmente dolorosa.

Também no corpo tenho as cicatrizes que permanecerão para sempre.

E como as cicatrizes do corpo, as do cérebro permanecem como um manual de instrução sobre o que devo conhecer, reconhecer, evitar e combater.

Ambas as cicatrizes não doem. São feridas fechadas, agora.

Acontece que nem sempre foi assim. Como no hospital, quando estive com o corpo aberto, também tinha as emoções destroçadas.

Deus me livrou da morte. Mas, por oração, senti de forma bem clara e fora de dúvida que Ele não faria tudo por mim, o tempo todo. Não podia: é Pai e, como verdadeiro professor, somente dá por encerrada a lição quando o aluno aprende.

Abraham Lincoln é certamente um dos maiores presidentes americanos e está entre os gigantes da humanidade que souberam lutar, com determinação, pela valorização da vida. Mas o que muitos não sabem é que o presidente lutou, ele mesmo, uma silenciosa batalha contra a depressão clínica e escreveu: "O campo da derrota não está povoado de fracassos, mas de homens que tombaram antes de vencer".

Recebi o sopro da vida, mas lutar por essa vida foi escolha minha. Tinha que ser. Deus me ergueu na queda, mas não me carregaria por todo o caminho. Se eu não soubesse lutar, teria que aprender. A dor que permaneceu, eu teria que aguentar e, quanto às feridas que restaram – tanto as físicas quantos as emocionais –, coube a mim me esforçar para que se transformassem em cicatrizes.

E por todo esse processo Ele esteve ao meu lado como pedi. E ainda quando, nos tropeços que dei, eu me voltava a Ele, pelo amor e pela graça, me estendeu a Sua mão poderosa e assim, nessas situações que precisei superar, mas vacilei por medo, insegurança, fraqueza, porque sou humana e falha, nunca lutei sozinha. Ele estava comigo.

É bem lógico dizer e entender que a história de uma vida termina com a morte, mas nem sempre é assim, porque a história da minha vida começou com a minha morte.

CAPÍTULO I

OS ANCESTRAIS

Eu me orgulho de ter nascido no Brasil, mas minha família, tanto a materna quanto a paterna, não é originária desta terra.

Como amo conhecer, após ouvir a respeito daqueles ancestrais, busquei neles inspiração para a minha própria vida. Um legado de sabedoria rompe a barreira do tempo, aproxima gerações, e o ensinamento proferido no passado pode também ser lição no futuro.

1. A tempestade

Quando Cosme Alves do Couto ouviu chamarem seu nome, correu para casa. Reunidas na parte mais larga da habitação de dois cômodos estavam a mãe e as irmãs. Em pé diante deles, um oficial dos correios se preparava para ler a carta que o marido e pai, João, enviara. A presença daquele homem era importante porque ali ninguém sabia ler.

Há quase cinco anos João Alves tinha partido de Portugal e vivera em três países diferentes na tentativa de melhorar a vida financeira da família. Além das saudações e notícias rotineiras, bem no final daquela carta havia uma determinação que mudaria a vida de dois jovens completamente.

João chamava seu filho Cosme para junto de si. Após alguns transtornos, finalmente encontrou um lugar de prosperidade e decidira se instalar permanentemente. Como era ourives por profissão, a chegada do filho lhe permitiria estender seus negócios e, de toda forma, também daria ao rapaz o conhecimento de um ofício com que viver e um dia ter sua própria família.

Aquele chamado era tudo o que Cosme esperava ouvir do pai e tão logo ficou decidido os detalhes da viagem correu a uma casa não muito distante dali e bateu à porta.

Um homem com aparência serena o fez entrar e após ouvir o que tinha a dizer chamou a filha de treze anos. Diante da moça, Cosme falou determinado:

— Dona Elvira, estou indo encontrar o meu pai e, tão logo faça a vida, volto para casar com a senhora, se me aceitar.

Ela aceitou. Aquela promessa cumprida daí a quatro anos resultou num casamento feliz de mais de seis décadas, e quando a fez Cosme Alves do Couto tinha quinze anos de idade.

Pouco antes de falecer, ele deixou uma carta aos descendentes em que relatou essa história e muitos outros detalhes de sua vida, incluindo a primeira viagem.

O lugar de destino era o Brasil.

Cosme não tinha noção das dimensões do país para onde ia e, desembarcando no porto do Rio de Janeiro, se surpreendeu com a jornada de cinco dias que teria pela frente até chegar à cidade de Diamantina – capital mundial dos diamantes –, no Estado de Minas Gerais, onde o pai o esperava.

Encantado pela beleza do lugar, em suas horas de folga percorria os arredores, conhecendo as histórias e a gente da terra. E foi assim que um dia, após observar atentamente como o pai lidava com os comerciantes de pedras preciosas, decidiu ele mesmo tentar achar os diamantes.

Naquela jornada levou o essencial, foi a pé, mas com uma mula carregada dos mais variados artefatos que julgou precisar. Com o olhar atento, João observou o filho se distanciando.

Cosme rumava em direção a um platô a alguns dias de caminhada e que era simplesmente conhecido na região como a "chapada".

O acesso ao lugar era extremamente difícil. Cercado por desfiladeiros de pedra e batido pelo forte e gelado vento das montanhas, o único abrigo que realmente se mostrou capaz de dar proteção contra as forças da natureza foi uma grota encontrada próxima a uma grande árvore.

Por mais de um mês Cosme vasculhou em vão. Aparentemente as lavras já haviam sido esgotadas pelos anos de garimpo dos que vieram antes dele. Determinado, ele começou a racionar a própria comida e ficou.

Vieram as chuvas e durante uma semana inteira foi impossível aproximar das águas, agora furiosas, dos rios onde costumava minerar. Lutando para se manter aquecido, próximo à fogueira, o jovem português observava o céu desabar.

E então, no oitavo dia, o arco-íris resplandeceu no céu.

Cosme pôs-se de pé e vasculhou os riachos que a tempestade revirou. Logo, seus olhos azuis brilharam de forma incomum. Resplandecendo em suas mãos estavam os mais belos diamantes que tinha visto.

Ao voltar à cidade, tratou de manter sigilo sobre sua descoberta até que a documentação legal de transferência do lugar dos diamantes estivesse pronta. O proprietário das terras da "chapada", rindo desdenhosamente, sem nem desconfiar o verdadeiro motivo da compra, acreditando que quisessem criar gado, dizia a todos que os dois portugueses escolheram pendurar bois nos rochedos.

Aos dezenove anos, Cosme estava rico e foi buscar sua noiva. No ano seguinte, já casado, voltou ao Brasil, e dessa vez por escolha própria.

19

Assim, curiosamente quem retornou em definitivo a Portugal e à família foi João Alves, que, seguro de ser o Brasil uma terra muito "bruta" para sua esposa e filhas viverem, foi aproveitar sua nova fortuna em Lisboa.

Firmemente estabelecido e gozando de uma felicidade tranquila, Cosme partiu para concretizar um outro grande sonho: quis aprender a ler e escrever. Como Elvira também acompanhava as lições do marido, ambos tornaram-se tão apaixonados leitores, que tinham um correspondente especialmente encarregado de enviar do Rio de Janeiro os muitos livros que chegavam por encomenda ao ávido casal.

Não demorou muito e o povo da cidade começou a brincar que o português trocava seus diamantes por livros.

João Alves não chegou a compreender de todo a escolha do filho em viver na cidadezinha perdida em meio às montanhas, mas, menos de duas décadas depois, presenciou a próspera e bela Europa tomada pelo caos. Começava a Primeira Grande Guerra.

Da varanda de sua casa em Diamantina, Cosme acompanhava tudo pelos jornais, e em cartas a seu filho Sóter, que estudava medicina na capital do Estado, repassava suas próprias impressões sobre aquele conflito.

O jovem estudante lia com atenção as mensagens do pai, mas interessava-se muito mais em saber a respeito da gripe espanhola que sabia estar matando mais que a própria guerra. Quando os primeiros casos apareceram na cidade do Rio de Janeiro, Sóter acompanhou, como voluntário, os médicos mineiros que se propuseram a auxiliar no combate à doença e, ao contrário de se fixar na crença de que aquele mal seria um castigo divino, amparava os enfermos e tratava de melhorar suas condições. À noite, levando consigo seu próprio microscópio, tentava identificar nas lâminas sobre a mesa, a causa daquela enfermidade.

Ao final do curso e ao contrário da maioria dos colegas, não quis permanecer na capital. É que o pai, Cosme, pedia seu retorno.

Desde que achara os diamantes, o português torna-se provedor da Santa Casa de Misericórdia e sabia muito bem a respeito da necessidade de médicos. Mas antes de voltar a Diamantina, Sóter se casou com uma jovem professora de origem francesa, Margarida.

Nos anos seguintes, enquanto percorria as regiões próximas montado em sua mula marchadora, atendendo aos pacientes sem recursos, o incansável médico viu nascer seu filho, a quem Margarida orgulhosamente deu o mesmo nome do marido.

Aos onze anos, Sóter Filho assistiu à sua primeira cirurgia e, ao final do dia, ele e o pai presenciaram um enigmático comportamento de Cosme.

A cidade de Diamantina, mesmo passados os tempos da frenética busca pelas pedras preciosas, ainda atraía muitos forasteiros, e não era incomum nas pequenas vielas da cidade ouvirem-se diferentes idiomas.

Um dia apareceu por lá um alemão. O homem, sozinho, mal falava a língua da terra e, como tantos outros, buscava os diamantes. E buscou com tanta determinação que, descuidando da saúde, adoeceu gravemente. Foi então levado à Santa Casa.

O médico Sóter o atendeu. Não havia nada que pudesse ser feito, a tuberculose estava avançada demais.

Chegara o momento do estrangeiro receber auxílio espiritual para enfrentar seu destino, mas surgiu um problema. Naquele hospital só havia representantes da Igreja Católica Apostólica Romana, e o doente professava a fé cristã segundo os ensinamentos protestantes da Igreja Luterana.

O padre, aflito pela morte próxima, tentava de todas as formas que o agonizante declarasse em alta voz que reconhecia vir sua salvação pela Santa Madre Igreja, e o alemão, em meio à crise de hemoptise, afirmava que somente reconhecia a salvação através de Jesus.

Exaltado diante da conduta, que afirmava ser pura teimosia, o padre gritou que o alemão iria em breve para o inferno.

Os Sóter, pai e filho, observavam consternados aquela batalha. E foi então que viram entrar Cosme, que recostado no canto da porta estivera até então, assistindo a tudo em silêncio.

O português, ele mesmo um fervoroso católico, não admitiu o tratamento que esteve sendo dado ao moribundo e, se posicionando de forma enérgica, pediu ao padre que se retirasse. Envergonhado e um tanto furioso, o sacerdote saiu.

O fim da discussão não mudou o estado daquele homem, que mostrara uma certeza inabalável. De fato, ele estava morrendo. Cosme então sentou-se ao seu lado, e juntos oraram a oração ao Pai Nosso. No meio da madrugada, a agonia do alemão terminou.

Alertado sobre o incidente com o padre, o bispo enviou mensagem dizendo que o estrangeiro não teria enterro nos terrenos sagrados da Igreja. Foi inútil. Àquelas horas Cosme já tinha providenciado o sepultamento do homem num terreno de sua propriedade, que mais tarde doou à prefeitura. Aquele foi o primeiro cemitério público da cidade e nele encontraram repouso digno as prostitutas, os suicidas e todos aqueles que de alguma forma se viram excluídos.

Alguns anos depois, quando Cosme morreu, uma carta de seu próprio punho deixou perplexa a família. Ele determinou que seu sepultamento fosse feito no cemitério público.

O neto, Sóter, chegando às pressas da capital, onde estudava medicina, diretamente para o enterro do avô, lembrou a respeito do incidente com o alemão.

Inquestionavelmente aquele fato fez com que Cosme adotasse nova postura em relação à fé. Ele continuou frequentando as missas na Igreja Católica aos domingos, mas daí em diante deixou os livros de oração e passou a estudar a Bíblia todas as noites junto com a esposa e os filhos.

Se no avô a cena com o padre e o estrangeiro promoveu nova perspectiva, com o neto a diferença aconteceu em outro sentido.

Desde então, e por toda a vida, Sóter Filho passou a detestar qualquer manifestação religiosa e com o passar dos anos, quanto mais se aprofundava na ciência, mais se firmava na certeza de que não havia nada além da morte. E, ligando Deus à Igreja que naquele dia viu representada, perdeu a fé.

Mas a vontade de viver era grande, e em seus primeiros anos como médico, ao contrário da rotina tranquila do pai e do avô, Sóter Filho quis conhecer terras distantes e foi trabalhar no sul do Brasil.

Por essas andanças, sem lugar certo, conheceu muita gente e gostou em especial da forma e cultura dos colonos italianos. Teria ficado por lá se um triste fato não estivesse acontecendo em seu lugar de origem.

Aos cinquenta e um anos, sua mãe, Margarida, havia sido diagnosticada com câncer. Ele voltou imediatamente e, junto com o pai, se revezava para cuidar da doente.

No ano seguinte ela morreu.

Sóter ainda viveria por mais trinta anos, mas nunca mais se casou. Por todo esse tempo, abraçou a medicina quase ritualmente e se encantava em ver o filho com a mesma dedicação apaixonada.

Algum tempo depois, conheceu a jovem noiva de Sóter Filho: Peggy, filha caçula de Lorenzo Lucciola.

Os dois médicos, conversando a respeito do ancestral, lembravam que, quando ouvia alguém temeroso com o destino, Cosme contava a própria história e lembrava que, enquanto a tormenta caía, ele louvava a Deus pelas águas e que foi justamente após a tempestade que os diamantes, revelados, mudaram a sua vida.

2. O deserto

San Giorgio a Liri, pequeno povoado da região do Lácio, na primeira metade do século XX, não trazia muita novidade. Os dias passavam tranquilos e iguais. As fases do ano marcavam casamentos, nascimentos e mortes. Todos ali se conheciam.

Assim que terminou a missa naquele domingo calmo, Lorenzo Lucciola tirou os sapatos. Os únicos que tinha. Enquanto o pai, Salvatore, discutia com os outros homens a respeito da colheita, ele observava, guardando um silêncio respeitoso.

Aos quatorze anos de idade, Lorenzo e os irmãos já tinham sido ensinados a jamais interromper qualquer conversa dos mais velhos e a falar apenas o necessário.

Desviando os olhos do grupo próximo, entediado, aquele jovem italiano, que já passara de um metro e oitenta de altura, tinha o corpo forte. Acostumado como os outros, ao trabalho no campo, não conseguia lembrar de si mesmo com as mãos desocupadas.

Mas era quando pensava no futuro que Lorenzo estremecia. Todas as vezes que algum forasteiro chegava ao povoado, ele fazia a mesma pergunta: "Como é o mundo que você viu?"

De todas as que conhecia além dos limites dos campos e montanhas que habitava, as histórias do avô não se igualavam a nenhuma outra. Quando jovem, Rocco havia se juntado a Giuseppe Garibaldi, chamado o "herói de dois mundos", e com ele viveu muitas aventuras.

Rocco contava a Lorenzo o que vira, e foi naquele domingo, após a missa, enquanto o pai discutia com os outros aldeões fatos de uma vida sempre igual, que ele decidiu-se. Iria embora.

Na madrugada seguinte, enquanto testava a firmeza da corrente com que amarrara seu cão para que não o seguisse, Lorenzo olhou sobre o ombro. Era o avô que se aproximava, e de alguma forma soube o que faria o velho.

Tirando seu belo relógio de bolso, Rocco estendeu a mão.

— É seu, e que você possa aproveitar bem todas as horas da sua vida – falou.

Lorenzo aproveitou.

Nos cinco anos seguintes, viajou como marinheiro no Perugia e conheceu cinco continentes. Mas foi quando o navio aportou em Salvador que ele decidiu-se ficar e conhecer de perto aquele país.

O Brasil era o lugar de que seu avô tanto falara, era o "outro" mundo, onde lutara com Garibaldi. Naquele país, ainda que de outra natureza, Lorenzo também lutaria suas batalhas.

Aos trinta e quatro anos, quando regressou à Itália, viu com os próprios olhos as grandes transformações que começavam pela Europa e se espalhariam pelo mundo. Mas naquela viagem sabia que precisava usar de uma cautela muito maior do que a que tivera até então para sobreviver nos vários lugares de um Brasil selvagem que conheceu.

É que há alguns anos, Benito Mussolini governava a Itália, e Lorenzo fazia parte dos que se opunham a ele.

Se aquela luta ficara até então restrita a uma oposição ideológica, com envio de artigos, troca de correspondências e remessas regulares de recursos financeiros para manter os demais opositores, pisar em solo italiano, ainda que não oficialmente impedido, seria extremamente arriscado.

Os Camisas Negras, grupo paramilitar que apoiava Mussolini, formado em grande parte por jovens latifundiários, já seriam opositores naturais da família Lucciola, que vivia há séculos do trabalho agrícola sem no entanto ter a propriedade da terra. Fora contra aquela situação que o jovem Lorenzo se revoltara.

Os anos de trabalho no Brasil mudaram a penúria financeira que conheceu na infância e adolescência, mas firmaram ainda mais a ideia de liberdade e democracia. Lorenzo jamais aceitaria um regime ditatorial e fascista. Como muitos, já antevia que a associação entre Mussolini e Hitler não traria nada além de sofrimento.

Era preciso cortar os últimos laços com a terra natal. Pretendia com aquela viagem vender os imóveis que havia adquirido na cidade de Nápoles e retirar o que restara de sua família de uma Itália dividida e violenta.

Os pais e o avô haviam morrido há algum tempo, mas os irmãos ainda trabalhavam na mesma lavoura ancestral.

Lorenzo visitou a casa de pedra onde nascera e segurou nas mãos a coleira com que um dia prendeu o fiel cão Régulos para que não o seguisse em sua jornada incerta. Enquanto os irmãos acertavam os últimos negócios, foi para Nápoles negociar ele mesmo os seus bens.

A conversa com o comprador, Rafael D'Umbardo, seguia tranquila. Aquele homem era um dos que também se opunham ao regime fascista e, como outros, igualmente acreditava numa guerra próxima. Por algum tempo Lorenzo falou animadamente a respeito do Brasil até que, de repente, ficou mudo.

Na sala em que os homens conversavam, entrou sem bater Maria, a jovem filha de Rafael. E naquela mesma noite, por motivos diversos que os negócios da manhã, Lorenzo voltou. Dessa vez, ia acompanhado por um casal de tradicionais napolitanos e pediu Maria em casamento. Aos dezessete anos, obediente à vontade do pai, ela assentiu. E em exatos vinte e três dias depois de se conhecerem, eles se casaram.

Com suas obras de construção espalhadas pelo Brasil, Lorenzo levava a família a todos os lugares, e logo a jovem Maria se mostrou animada com todo aquele movimento.

Em alguns anos, começou a Segunda Guerra Mundial. As cartas vindas da Itália agora eram motivo de apreensão pelas notícias que traziam, e ao final daquele conflito dois irmãos e uma irmã de Maria haviam morrido.

Lorenzo, profundamente crente no poder de Deus, reunia os filhos e contava das vezes que havia sido poupado da morte. Dizia também que Deus gosta dos homens ousados e que não se deve temer a travessia de qualquer deserto, porque no meio da aparente desolação das areias, Ele fez surgir água, e nenhum que era Dele morreu de sede.

O século XX foi movimentado. Duas guerras mundiais, ideologias conflitantes, descobertas científicas, salto de conhecimentos.

Hoje, depois de ler e aprender, entendi que pessoas que fazem diferença no mundo são inconformistas. Fazem da derrota, vitória, das quedas, aprendizagens, não se submetendo a ideias ou destinos fatalistas, predeterminados. Ao contrário, têm a consciência e exercem o livre-arbítrio.

Cosme Alves do Couto e Lorenzo Lucciola foram assim, foram anônimos para a História, mas na simplicidade de suas vidas, souberam guiar-se por Deus e, tornando-se homens sábios, escreveram seus nomes no Livro da Vida.

CAPÍTULO II

FRAGMENTOS
As lembranças de uma vida

1. A sentença

Quando Peggy, filha de Lorenzo e Maria Lucciola, descobriu que estava grávida e contou, aquela família de mulheres, viúva e filhas esperava que fosse um menino.

Ainda estavam muito nítidas na lembrança de todos as dificuldades que haviam enfrentado naquele século de guerras e lutas. Numa família italiana, o desejo pelo primeiro filho ser do sexo masculino não se baseia apenas na continuidade do nome. Por cultura e tradição, caberá a ele, na falta do pai, assumir o trabalho e ser responsável pelo sustento da família.

Já havia passado mais de duas décadas desde a morte de Lorenzo Lucciola, mas a lembrança de sua imagem de força ainda remetia à figura tranquilizadora que ele tivera em vida.

No dia do parto, o anestesista atrasou. Se aquele nascimento demorasse muito mais, a mulher e a criança estariam em risco.

Sóter Filho não vacilou, avisando que faria ele mesmo a anestesia. Como médico, tinha plena capacidade, mas também sendo o pai, aquilo não era recomendável.

Diante dos olhares nervosos dos outros médicos, ele sorriu. Quando se tratava de emergências ou situações de risco, tinha um controle mental tão grande que assombrava os próprios colegas, e naquela madrugada de 22 de novembro não foi diferente.

Minutos depois de terminado o parto, a criança nascida foi levada para a sala ao lado. O pai e o avô sorriam satisfeitos. O mais novo falou:

— Minha filha! Essa será médica, a terceira da geração na família – sentenciou e, olhando para o outro, viu que este fez sinal com a cabeça, aprovando.

2. A aluna

Eu não me incomodava minimamente em ter as minhas bonecas como eram. Marcadas com caneta especial, nelas se podia identificar o lugar exato do coração, dos pulmões, do fígado, estômago e todos os outros órgãos. Na última interferência, as vértebras da coluna tinham sido acrescentadas.

Sentada no chão da garagem, eu brincava com as outras meninas, mas quando ouvia aquele barulho diferente de todos os outros, invariavelmente me levantava de um salto e disparava para a entrada do prédio.

— Aonde vai menina? – dizia a babá que, aflita, tentava me segurar.

— Ver papai – respondia sem interromper a corrida.

Instantes depois, meu pai, dobrando levemente os joelhos, estendia os braços e me segurava no ar. Juntos, rodopiávamos pela calçada.

Quando ele me punha novamente no chão, eu olhava diretamente para o carro do outro lado da rua e os avistava. Eram os meus amigos do dia, os pacientes do meu pai.

A princípio tímidos, aos poucos aqueles homens começavam a falar. Eu sabia que o silêncio inicial vinha da vergonha que sentiam. Uns estavam excessivamente magros, outros haviam perdido os cabelos, mas eu nunca sentia medo ou aflição na presença deles e ficava imensamente feliz quando, após as nossas conversas, os via sorrir e recebia um abraço no momento da despedida.

Meu pai não permitia que seus pacientes diagnosticados com alguma doença grave ficassem confinados aos leitos do hospital. Em passeios diários, ele escolhia aqueles que, submetidos à quimioterapia, estivessem longe de suas famílias, ou não tivessem uma, e os levava para passear em seu carro.

— Numa doença se trata corpo e mente – dizia.

Naqueles homens, eu conseguia perceber uma dor que não vinha dos corpos, mas que sentia aliviar quando notava o brilho em seus olhos e a respiração, aos poucos, se tornando mais regular. De alguma forma, ainda sem entender, sabia que aquelas conversas também eram tratamentos.

Observando, eu começava a aprender.

E havia mais. Havia a presença de uma força de amor e bondade. Uma força que não via, mas sentia perto de mim. Era dessa presença que vinha a minha alegria e era também a mesma fonte que alimentava aqueles homens de esperança e paz em meio a tantas dores. Mais tarde me disseram que Seu nome é Deus.

Então, muito cedo compreendi que o que eu não vejo é muito maior do que aquilo que posso ver e que a percepção do imenso que está no invisível é tão real e natural quanto aquele mundo que vejo e toco.

"Todos nós, para começar a vida, temos um grau mínimo de burrice e a dose certa de inteligência", dizia meu pai, rindo. Logo eu aprendi com quanto dessas doses a natureza tinha me dotado.

Por aquela época, aos cinco anos, eu estava sendo alfabetizada. Ao meu lado, na mesma carteira, sentava Rose, uma menina gentil e educada. Por ser tímida, conversava pouco, mas foi justamente enquanto a professora pronunciava as letras para que nós repetíssemos, formando sílabas, que Rose revelou um dom até então insuspeito.

Observando em silêncio, eu a presenciei falar corretamente antes mesmo de ouvir as combinações das sílabas que, na sequência, a professora dizia.

Percebendo o meu encantamento, a colega sorriu. Também com um sorriso, perguntei como conseguia: "É fácil", falou.

Rose não fazia com intenção de sobressair. Era modesta, mas não tinha como ocultar sua capacidade superior.

Passados aqueles primeiros momentos de surpresa, foquei minha atenção nas palavras da professora e, sem vacilar, perguntava todas as vezes que não conseguia compreender o que estava sendo explicado. Quando chegava em casa, espalhando as folhas sobre a mesa, treinava durante horas os mesmos exercícios que aprendera de manhã.

Tempos depois, enquanto aprendíamos sobre as consoantes, a mesma coisa aconteceu. Minha colega de carteira fazia tudo com uma incrível rapidez. Enquanto eu estava falando, ela já estava escrevendo. Repeti o mesmo processo quando chegava em casa e, com essa dedicação, logo eu também estava formando palavras e depois frases inteiras. Então, Rose e eu, rindo, começamos a escrever pequenas histórias enquanto nossos outros colegas seguiam num aprendizado mais lento.

Antes que o ano acabasse, a professora entendeu que não seria correto que as duas alunas mais inteligentes da sala permanecessem juntas. Nós tínhamos a obrigação de "dividir" a inteligência com os outros, sentenciou a professora.

Eu protestei dizendo que, ainda que fosse possível compartilhar inteligência, não era esse o meu caso e contei das horas que ficava estudando todos os dias. Não adiantou, a professora pensou que eu estivesse mentindo.

Tia Rafaela, presenciando o esforço daquelas tardes de estudo, um dia chegou com um presente. *A Conquista do Espaço* contava a respeito do primeiro voo tripulado ao redor da Terra. Mas foi a história da cadela Laika, e não de Gagarin, que chamou a minha atenção. Aquele foi o meu primeiro livro.

Ainda por esse tempo, ia quase todos os dias à casa do avô Sóter. Com quase oitenta anos, ele já não realizava cirurgias, mas sua dedicação continuava tão firme como sempre fora. A diferença é que agora não percorria mais a região entre Diamantina e o Serro Frio montado em uma mula. Os doentes necessitados e sem recursos eram atendidos numa sala independente em sua própria casa.

Numa dessas visitas, o avô Sóter me pôs sentada em sua mesa de exame e, colocando o estetoscópio em meu ouvido, posicionou o diagrama. Eu dei um salto.

— Mas isso é um tambor – gritei.

— É seu coração – riu meu avô – agora escuta o meu.

Eu estava encantada e naquele mesmo dia quis saber sobre o coração.

Em outra vez, meu avô, muito sério, falou sobre as doenças invisíveis. Colocando suas luvas, foi até o armário e de dentro trouxe uma grande caixa. Dela pegou o que imaginei ser um pedacinho de vidro e o posicionou sob o microscópio. Mandou que eu olhasse.

— Que isso? Perecem com balinhas compridas.

— Isso, minha filha, é o bacilo de Koch e provoca uma doença terrível chamada tuberculose. Nós não temos noção de quantos milhões de pessoas já morreram por causa dessas "balinhas", como você diz.

— Mas, vovô, como uma coisa tão pequena mata tanta gente? Os leões têm garras e dentes... – disse, horrorizada, pensando em um leão – eles não são mais perigosos?

— Minha querida – riu meu avô – pode acreditar que essas "balinhas" já mataram mais pessoas do que todos os leões do mundo.

Eu fiquei encantada, mas confusa. Nesse dia recebi uma aula sobre bactérias, e como meu pai estava presente e tinha um humor inigualável, completou:

— Você sabe que precisa tomar banho para se manter limpa. Não ponha a mão suja na boca e nem nos olhos. Mas pode continuar nadando à noite para pegar uma gripe e também continue a tomar tombos, mas lave as mãos imediatamente com água e sabão. Tudo isso irá te tornar forte e fazer seu corpo ganhar uma coisa que se chama "imunidade".

E rindo, olhando para o próprio pai, completou:

– Só não ponha a mão nessa lâmina do vovô.

Eu gostava de ouvir meu pai e meu avô, mas gostava muito dos passeios com minha mãe.

Próximo ao apartamento onde morávamos ficava a Praça da Liberdade. Ali eu podia brincar com outras crianças e correr à vontade. Depois, sentada no banco, ouvia atenta enquanto minha mãe falava sobre a Itália e contava sobre os outros lugares que conhecia.

As tias e a avó vinham sempre. Morando no Rio de Janeiro, pareciam não conseguir ficar muito tempo no mesmo lugar. Talvez ainda fosse um reflexo dos anos acompanhando Lorenzo Lucciola em suas obras pelo país.

Meu pai brincava que a cunhada mais velha, Rafaela, por ter feito um curso de fotografia, amava muito todas aquelas viagens, porque assim poderia variar bastante as paisagens que captava. De fato, à exceção do amor à família, a verdadeira constância em sua vida foi a paixão pelo mar.

Eu não me lembro da primeira vez que vi o mar.

Em uma foto, apareço no colo da avó Maria, e, ao fundo, o imenso oceano se destaca. Minha mãe afirma que logo na primeira apresentação, sem ainda saber andar, estendi os braços querendo ir até aquelas águas.

Uns anos depois, sentada na areia e com uma enorme dose de indignação, eu assistia, sem poder fazer o mesmo, Rafaela Lucciola, com vigorosas braçadas, romper as águas e seguir calmamente mar adentro. Em todas as minhas tentativas de ir além das ondas, ouvia a voz impaciente do meu próprio pai me chamando de volta.

Se acontecia do meu pai não ir naquelas viagens, eu já dormia com o maiô e bem cedo, pouco antes do sol nascer, esperava a tia acordar. Geralmente após algumas súplicas ela me permitia ir junto, e enquanto caminhávamos pelos próximos três quarteirões até a praia, eu tentava persuadi-la a deixar que também fosse além das ondas.

Rafaela sempre se mostrava irredutível. Naqueles primeiros tempos só podia me contentar em seguir a tia, caminhando pela areia. Observava quando ela, em pleno mar, vez por outra acenava para mim e eu, de mau humor, acenava de volta.

Foi por aquela época que o meu pai começou a se ausentar. Ele passava dias inteiros saindo bem cedo e, quando voltava, tarde da noite, já dormindo, não conseguia vê-lo. Foi o avô Sóter quem explicou o que fazia:

— Seu pai está construindo um hospital, e um dia, quando for médica, você irá trabalhar com ele.

Eu ouvi sem comentar, mas como as ausências do meu pai se tornaram insuportáveis, uma noite resolvi esperar que chegasse. Sentada na sala, vi quando entrou, e, como sempre fazia, fui correndo para que me pegasse em seus braços. Surpreso e por um momento alegre, ele me levantou no ar, mas foi então que notei que havia mais que cansaço em seu rosto.

É que um de seus pacientes tinha morrido naquele mesmo dia, e pela primeira vez o vi chorar.

No domingo seguinte, quando minha mãe avisou que deveria acompanhá-la à missa, fui correndo dizer ao meu pai:

— Papai, não fique triste, o nosso amigo veio de Deus e voltou para Deus, como nós.

Meu pai sorriu.

— Filhinha, como você pode dizer que veio de Deus, se nunca o viu?

— Simples! Eu sei que na terra vim do bisavô Cosme, e nunca o vi.

Meu pai me olhou surpreso, e vi que a forma como sorria mudou. Antes que minha mãe fechasse a porta da rua, eu, que estava de mãos dadas com ela, olhei de volta e dei uma piscadela para o meu pai, que ficava.

Ir à missa uma vez por semana já estava se tornando rotina e, embora eu não compreendesse absolutamente nada do que era falado ali, gostava da beleza do Palácio do Bispo. A escadaria de mármore, com seu corrimão dourado, parecia com as fotos dos museus que tia Rafaela me mostrava.

Assim que entrávamos, eu tentava sentar entre as últimas fileiras e nos lugares do meio, mas minha mãe invariavelmente me tomava pela mão e me arrastava para os primeiros bancos. Então, eu passava a próxima hora e meia de cabeça baixa.

Eu já sabia sobre Jesus e, todas as vezes quando olhava para o altar, ficava indignada. É que lá estava a imagem de um Cristo com o corpo mutilado e cheio de sangue, a cabeça pendendo para frente, morto e derrotado.

Certa vez, um pouco tonta de tanto olhar os ladrilhos do chão, comecei a cantar a última música que meu pai me ensinara. No princípio, mantive a voz baixa. Mas gostei tanto de estar me lembrando da letra da forma certa, que, completamente desapercebida, repeti a estrofe mais alto que a voz do próprio bispo.

Quando senti a mão da minha mãe sobre a minha e levantei a cabeça, vendo todos os olhares voltados para mim, estremeci.

Ao final da missa, o bispo me chamou para uma conversa. Como nos afastamos das outras pessoas, entendi que a situação era séria, porque nunca tinha ficado sozinha com ele.

Além da reprimenda por cantar alto *O Peixe Vivo*, ele quis saber por que eu ficava o tempo inteiro de cabeça baixa.

— É que a imagem no altar está errada. Aquele não é o final da história que eu sei. Jesus não está morto – eu quase gritei.

Percebi claramente quando o rosto do bispo se tornou lívido. Com um tom de voz diferente do que sempre usava comigo, ele falou:

— Paola Lucciola, fique sabendo que Deus não gosta de crianças desobedientes – e colocou a mão sobre o meu ombro para me fazer olhar para ele – as crianças desobedientes ficam é com o que está ao lado de Deus e é o oposto dele, o demônio.

— Monsenhor – eu olhei diretamente nos olhos dele – já ouvi falar sobre o demônio, mas o senhor está errado, ele não está ao lado de Deus. Ao lado de Deus está Jesus.

— Quem te ensinou essas coisas? – disse o bispo de forma impaciente.

— Ninguém ensinou – respondi calmamente.

E ele, que estava meio inclinado sobre mim, endireitou o corpo e retirou a mão do meu ombro sem dizer uma palavra.

Eu tinha sete anos de idade quando esse fato aconteceu, e no ano seguinte nos mudamos para outra região da cidade. Nunca mais vi o bispo.

Meu pai havia comprado um terreno grande numa região afastada e lá construiu sua própria casa no mesmo estilo daquela em que havia sido criado, o casarão da terra dos diamantes, onde nascera.

Acrescentando algumas ideias à planta original, fez colocar um jardim frontal em dois planos e neles plantou coqueiros e árvores frutíferas. Por fim, acrescentou um poste no estilo colonial.

Eu estava maravilhada pela beleza do lugar. Na piscina, nadava todos os dias, e nas noites claras, agora distante da luz excessiva da cidade, podia observar a lua e as estrelas muito mais nítidas do que quando morávamos no apartamento em meio à fumaça dos carros.

Nos quartos amplos, ao invés de janelas, meu pai fez com que duas grandes portas dessem acesso a sacadas individuais, e logo me acostumei a ficar noites inteiras observando o firmamento. E durante longas horas, em meio à paz e ao silêncio, entrava a madrugada conversando com Deus.

Nos anos seguintes, numa vida livre de preocupações, tive tempo para explorar toda a região, que à época fazia lembrar uma grande fazenda. E também, por aquele tempo, estando as obras do hospital concluídas, passei a acompanhar meu pai em seu trabalho. Começava a aprender a rotina dos médicos, mas ainda, e cada vez mais, amava era conversar com os pacientes.

Caminhando silenciosamente pelos corredores das enfermarias e ambulatórios, enquanto orava, ficou claro que naquele hospital, que fazia atendimento de pronto socorro, os nomes, que em meio à dor e ao desespero mais ouvia serem chamados, não eram os de nenhum médico ou enfermeira. Aquelas pessoas chamavam por Deus e por Jesus.

É verdade que não existe posição ou situação alguma, por mais sólida que pareça ser, que possa garantir a alguém imunidade contra o sofrimento. Mas em meio a corpos mutilados, de forma indistinta, presenciei o efeito do extraordinário. E meu pai, ainda que continuasse teimosamente a negar a existência de Deus, se calou muitas vezes e, num silêncio respeitoso, parecendo distante, observava enquanto pessoas de todos os tipos, contando a respeito das experiências de quase morte que tiveram, de uma forma serena, mas firme, demonstravam a fé inabalável e a certeza de que a intervenção de Deus as salvara.

3. Juventude

No aniversário de dezoito anos, ganhei o mais espetacular dos presentes.

Logo pela manhã de 22 de novembro, fui com meu pai ao Jóquei Clube, e ali um amigo dele nos esperava.

Alexandre Fadar era um grande apreciador de cavalos e nos muitos haras espalhados pelo Brasil escolhia seu time de corredores. Os animais mais velhos e sem condições de competir eram vendidos para reprodução e seguiam para as fazendas.

Naquele dia do aniversário, estava acertado que eu poderia escolher um desses cavalos.

Com mais de um metro e noventa, Alexandre caminhava imponente pelas baias. Cumprimentava uns e dava ordens a outros. A alguns passos de distância, meu pai e eu observávamos os animais sendo apresentados.

Homem prático e acostumado a não ser contrariado, Alexandre franziu a sobrancelha ao ouvir o barulho do impacto do que pareceu ser um metal arremessado. Instintivamente me voltei na direção da porta e percebi imediatamente um homem jovem, alto e magro.

Aquele rapaz estava tão embriagado que mal conseguia se manter em pé. O barulho que ouvi foi do balde que ele havia chutado contra a parede, e uma voz soou imperativa:

— Canguru, você andou bebendo outra vez?! Vá buscar o próximo cavalo e o traga aqui para apresentação – ordenou Alexandre.

— Que ótimo, um Canguru trazendo um cavalo – não pude deixar de dizer, rindo.

Meu pai me olhou sorrindo abertamente, mas o Alexandre e os demais tratadores estavam extremamente sérios, e a situação, que já era um tanto cômica, se tornou mais.

Eu ainda estava rindo quando ouvi o barulho de cascos batendo violentamente contra o chão de pedra e num instante vi surgir à minha frente um animal magnífico.

Aquele cavalo que mal podia ser contido era, de longe, o mais lindo que eu havia visto em toda a minha vida. O pelo, castanho com reflexos avermelhados, contrastava com a longa crina negra, e ele olhava diretamente nos meus olhos e assim ficou até quando, passando exatamente onde eu estava, num movimento rápido, balançou a bela cabeça.

Eu estava muda de espanto e fascinação.

— Canguru! Não era para você trazer Sotalinsk. Esse cavalo não está à venda – gritou um Alexandre furioso.

Canguru era como todos no lugar conheciam Luciano Antônio, mas naturalmente se alguém chegasse ao Jóquei Clube e perguntasse pela designação do registro, ninguém saberia dizer onde estava tal pessoa.

Os apelidos ali eram a regra. Havia Orelha, Orelhinha, Negão, Tuca, Ceará, Agulha, Tosco e uma centena mais de tratadores e responsáveis pelas cocheiras, mas naquele dia foi graças ao amor – e ao efeito do álcool – que o Canguru tinha por Sotalinsk que pus meus olhos naquele que considerei o mais belo de todos os cavalos.

É que Sotalinsk nasceu e viveu até os dois anos em um haras no Rio Grande do Sul e, chegando ao Jóquei com aquela idade, fora então criado pelo Canguru, que frequentemente tirava um cochilo dentro da baia de seu amigo favorito.

Chegando de uma noite em que bebeu e dançou, principalmente bebeu, e atrasado para o início do trabalho, vendo o impaciente patrão exigir a presença do "próximo cavalo", foi natural que em sua confusão Canguru trouxesse aquele que considerava "o" cavalo.

Enquanto eu corria com Sotalinsk pela pista, o proprietário do animal tentava de toda forma fazer com que meu pai se decidisse por outro cavalo.

Alegava que o potro, aos cinco anos de idade, estava em plena forma e era um corredor. Disse que melhor e mais adequado para mim seria um animal mais tranquilo. Meu pai, rindo, contou que desde os três anos eu já estava habituada a montar e que aos cinco, a mesma idade de Sotalinsk, tinha ganho o meu primeiro cavalo, o mangalarga Torpedo.

Diante dessa conversa, só restava ao Alexandre torcer para que eu mudasse de ideia depois de montar seu corredor.

Horas depois, enquanto caminhava em silêncio entre meu pai e Alexandre, falei:

— Estou apaixonada!

— Mesmo? É por algum coleguinha de escola? – quis saber Alexandre com um sorriso.

— Não, por Sotalinsk.

— Ah, meu Deus! – falou um desolado Alexandre.

Meu pai soltou uma gargalhada.

4. A escolha

Se meu pai não frequentava e nem mesmo tolerava qualquer manifestação religiosa, entendia-se muito bem com uma visita frequente e inspiradora. Era o padre Celso de Carvalho.

Sacerdote secular da Igreja Católica, o padre era um doutor da Igreja e durante dezoitos anos havia morado em Roma, onde completara seus estudos. Com ele, aprendi as bases da Teologia Cristã e amava ouvir, quando lia os Salmos em aramaico, o idioma que o próprio Jesus falava.

Com o padre, meu pai tinha longas conversas e ficava ele mesmo, por horas seguidas, demonstrando uma nova técnica de plantio que estava desenvolvendo, a hidroponia.

Cresci admirando esse pai inteligente e culto, dono de um humor refinado e temperamento descontraído.

Um dia, ele me chamou pela manhã bem cedo e avisou que iríamos sair.

Naquele ano eu completaria o ensino médio e, no próximo, estaria numa faculdade. Chegava então o momento de fazer a opção pelo curso que definiria, no futuro, o tipo de profissão que iria exercer.

Pelo rumo que o carro foi levado, percebi claramente que estávamos indo para o principal dos três hospitais que ele havia construído e no qual usualmente fazia suas cirurgias programadas. Mas como ele não falou, eu também não disse nada.

Estava certa, e quando chegamos, já dentro da sala dos médicos – onde havia muitos deles – meu pai olhou para mim e disse aos outros:

— Hoje minha filha vai assistir à primeira cirurgia da sua vida.

Diante dos olhares e palavras de aprovação, eu sorri um sorriso meio sem graça. Meu pai percebeu e, se aproximando, falou em voz baixa:

— Vá se preparar e mostre coragem.

— Eu tenho coragem para isso – e então completei com um sorriso – melhor o senhor dizer para a sua paciente ter coragem.

— Eu já disse – riu meu pai.

Para que eu pudesse acompanhar tudo, em detalhes, ao lado da mesa de cirurgia havia sido colocada uma escadinha onde, bem à frente, o cirurgião trabalharia.

Quando entrei no bloco cirúrgico, a paciente já estava anestesiada, inconsciente.

Vi o momento em que meu pai, após checar vários aparelhos, fez um sinal com a cabeça, e o outro médico, tomando o bisturi, começou.

Pelas próximas horas, eu fiquei observando tão atentamente que não me apercebia de mais nada, mas de tempos em tempos meu pai perguntava:

— Tudo bem ai? Vai desmaiar?

Não desmaiei nem naquela e nem nas outras cirurgias que vi em sequência ao longo do ano e compreendi que meu pai procurava me acostumar à visão de um corpo aberto como ele mesmo havia sido acostumado.

Eu gostava então de aprender com o que tinha oportunidade de ver, da mesma forma que, quando criança, gostara de aprender nos corpos das bonecas que ele preparava. Mas meu interesse pela medicina não ia além da curiosidade pelo conhecimento e, por mais que admirasse meu pai como profissional e o amasse como pessoa, eu não seria médica e precisava dizer isso a ele.

No segundo semestre daquele ano em que terminaria o ensino médio, senti que o momento certo havia chegado. Estávamos sozinhos na fazenda que tinha próxima a cidade, e eu, terminando de escovar Sotalinsk, vi quando se aproximou.

— Você sempre teve gosto por cavalos. Sua calma deixa os animais tranquilos, e essa calma será importante para os pacientes quando for médica – disse sorrindo.

Eu deixei cair a escova e o olhei nos olhos.

— Pai, eu nunca serei médica. Não nasci para isso.

Não consigo me esquecer da expressão em seu rosto. Ele estava chocado e me olhou pelo que pareceu ser uma eternidade. Então, virou as costas e se afastou em silêncio.

Imóvel, o observei entrar na casa. Ainda que estando imensamente triste, não estava arrependida. Eu não poderia viver um sonho que era dele, não meu.

No ano seguinte, após o vestibular, cheguei em casa com o resultado da classificação no curso que eu mesma havia escolhido seguir.

— Hum! Décimo sexto lugar, parabéns. Que curso é minha filha?

— Direito – respondi com tranquila felicidade.

Muito depois, quando eu já estava quase terminando os estudos, meu pai, mesmo me amando como de fato amava e estando feliz com a minha alegria, veio me alfinetar com seu costumeiro humor.

— Sabe o que diz a sabedoria popular? Coitado do homem que precisa entrar no escritório de uma advogada – e piscou rindo – por mais bonita que ela seja.

— É mesmo? Pois seria bom perguntar à "sabedoria popular" se quem procura um médico não tem nada melhor a fazer – respondi, também rindo.

Meu pai deu uma gargalhada, gostando da resposta.

Com o tempo, curiosamente, ele demonstrou certo gosto pelo Direito e nos meus dois últimos anos do curso, enquanto era assistente da Promotoria Criminal e levava processos para analisar em casa, fazia questão de saber, em detalhes, a respeito da forma técnica que seria usada para a aplicação da lei.

5. Vivendo livremente

Naquele primeiro ano na universidade, eu me casei e, como estudasse no interior, já trabalhando, fui com meu marido morar num sítio próximo.

Distante uma hora de carro da capital e a quatorze quilômetros da cidade mais próxima, o lugar era uma janela aberta no tempo.

Montanhas e planícies, rios e cachoeiras. Animais de tantas cores. Caminho do vento e das águas. Antigo pouso de um viajante.

Há oitenta anos, um homem, José Amaro, tocava a boiada. Vinha das terras de Diamantina e seguia para Contagem, de onde embarcaria o gado bom para as fazendas em Goiás.

Como a jornada fosse árdua, o boiadeiro construiu um abrigo. Com toras de aroeira, levantou paredes de adobe e, ao final, caprichoso que era, pintou a casinha com cal.

Quando cheguei ao lugar, fazia mais de trinta anos que José Amaro havia morrido, mas um velho agricultor, que o conheceu menino, contou a sua história. Curiosamente o gado das fazendas vizinhas ainda se reunia em frente ao pouso do boiadeiro.

Achando o lugar sem conforto algum, meu pai construiu outra casa, mas foi no abrigo de adobe que eu quis morar. A única melhoria que pedi e foi feita na antiga construção foi um banheiro.

A mim não importou deixar o estilo de vida que conhecera. Ao contrário, foi exatamente naquela habitação, construída por um peregrino, que pela primeira vez me senti verdadeiramente livre e em paz.

Sempre ouvi pessoas discutindo a respeito de como seria a aparência de Deus.

Considerando que existem muitas formas de percepção e que a visão é apenas uma delas, então eu vi Deus durante toda a minha vida. Eu O via no rosto de cada pessoa e por isso me aproximava sem medo e com amor dos doentes que, ainda criança, meu pai levava para que conhecesse. Com o mesmo sentimento, também me aproximava de todas as Suas criaturas e ficava por horas seguidas admirando, em adoração, Suas obras.

Agora, na simplicidade daquela casinha de barro, enquanto o vento varria a planície, no silêncio, eu também via Deus, e a ausência das comodidades que até então conhecera foi preenchida com a Sua presença.

Comecei a fazer longas caminhadas pelos campos e matas. Pela manhã, nadava no açude próximo à casa e a qualquer hora tomava banho frio. Observava o tempo e estocava lenha, do contrário, se chovesse, não teria como acender o fogão.

Cada um traz em si determinada natureza, e foi exatamente sob aquelas circunstâncias que eu me vi vivendo a minha.

Me lembro muito bem que era um dia calmo de domingo. Por estar livre de compromissos, acordei tarde, fiz o café e fui para a varanda olhar os campos. Eu ainda estava com a xícara nos lábios quando ouvi uma barulheira incomum. Era uma mistura de vozes humanas e latidos de cães, e pude identificar que aquele som vinha de longe, além da baixada e muito além do que eu podia ver.

Peguei meu binóculo e olhei. Eu ainda podia ouvir, mas não via nada.

— Caçada. Estão caçando veado – disse uma voz atrás de mim. Era o vizinho que chegava a cavalo.

— Isso é crime! – quase gritei – Se vierem para cá, vai ter confusão.

Mas ninguém foi. No entanto, o movimento da caçada durou horas e somente no final da tarde, quando era quase noite, aquietou. O lugar voltava à tranquilidade e ao silêncio outra vez. Pouco antes do pôr do sol, as galinhas se aninharam sobre as árvores e telhados.

Não sei por que, mesmo estando em paz, senti uma agitação estranha que foi quase como felicidade e, por muitas vezes, sem conseguir dormir, me levantava e abria a janela. Olhava os campos iluminados numa noite clara de lua cheia, buscando com os olhos alguma coisa que pressentia estar lá, querendo que chegasse o que ainda não tinha visto, mas era familiar.

Naquela madrugada, o vento soprou forte e incomum.

Nas semanas seguintes, dois dos meus vizinhos foram me visitar, e o primeiro, sentado na beira do fogão, contou a sua história.

Naquele dia da caçada, homens experientes trouxeram seus cães farejadores. Mas entre eles havia um ainda muito jovem que, mesmo já tendo tamanho e força suficiente para correr com a matilha, não sabia obedecer como os outros e, ao invés de perseguir o veado junto ao resto do grupo, cismou de correr sozinho, ninguém sabia atrás do quê.

Envolvidos na perseguição e, depois, embriagados pelo prazer diante da caça morta, quando o sol estava perto de se pôr, já cansados, os homens reuniram os cães e então notaram que nem todos estavam presos nas carrocerias das caminhonetes. Faltava um, o cão desobediente.

Com a noite chegando, os caçadores entenderam que não adiantava procurar. O cão não estaria em perigo, era próprio da raça dele andar pela mata e dormir sob as estrelas. Assim, foram embora, não sem antes avisar aos que estavam próximos que voltariam em breve para procurar pelo desgarrado, e por precaução foi oferecida uma soma em dinheiro para quem do lugar achasse o tal cachorro.

Muito ansioso por receber uma gratificação, o vizinho passou a ficar atento a qualquer animal que aparecia em seu quintal, mas já conhecendo os cães que comumente rondavam o galinheiro, tocava a pedradas os intrusos, até que um dia estremeceu de alegria.

Na varanda próxima ao curral, deitado calmamente, estava um cachorro que pelo porte e beleza era totalmente diferente dos que andavam por ali. Até o comportamento era outro. Aquele cão o olhava de frente e, embora atento, não demonstrou qualquer sinal de medo. Então, quem ficou cauteloso foi o vizinho que, se aproximando devagar, conseguiu laçar o cachorro.

Enquanto gritava de alegria chamando a mulher e os filhos para que vissem o quanto era uma pessoa de sorte, o homem oferecia comida ao cachorro, que se fartava. Daí a um tempo, foram todos almoçar e, enchendo as cabaças de cachaça, brindaram satisfeitos.

Com um papel nas mãos, o vizinho olhava o número do telefone que o caçador, dono do cachorro desobediente, tinha anotado e deixado para contato. Mentalmente se preparava para aquela conversa imaginando qual valor poderia pedir pelo cão. Mas antes que chegasse a uma conclusão, os gritos de um de seus filhos ecoou como um tambor em seus ouvidos.

— Pai, corre aqui, o cachorro fugiu!

O vizinho deu um salto da cadeira e saiu da casa tão apressado que, desequilibrando logo nos primeiros passos, escorregou nas folhas espalhadas pelo chão de terra e caiu pesadamente com o rosto na lama. Sem ao menos se preocupar em limpar a sujeira, ficou de pé e continuou correndo até a laje do curral onde, pouco antes, havia deixado o cão bem amarrado. Ali, estacou de repente e olhou sem acreditar. Diante de si, restava apenas a corda estraçalhada e a vasilha de comida vazia. Era verdade, o cachorro conseguiu fugir.

Torcendo o chapéu entre os dedos, com a camisa e o rosto ainda parcialmente sujos de lama, o vizinho, desconsolado, me contava esses fatos, e eu, de cabeça baixa, tentava esconder o riso.

Depois de uns dias, chegou o outro vizinho, o Márcio. Em meio às gargalhadas, contou a própria versão sobre a fuga do cachorro que conseguiu fazer de bobo um boiadeiro experiente. E revelou que tinha, ele mesmo, capturado o fugitivo, mas que, já sabendo a respeito da história da corda e sendo um matuto, não o amarrou e, sim, o prendeu no galinheiro.

— Agora, foge não! É meu – disse com orgulho.

— Que bom, Márcio! Você é mesmo muito esperto – falei.

Nem bem o Márcio tinha se despedido, olhei pela janela e o vi em seu cavalo, galopando de volta, atônito. Sem desmontar, falou desconsolado:

— Aquele cachorro safado cavou a terra debaixo da tela do galinheiro e fugiu!

Eu bem que tentei me manter séria diante daquele homem que ainda se lamentava. Mas sem conseguir, acabei rindo estrondosamente e quando ele se foi, um tanto ofendido e envergonhado, comecei a pensar no cachorro sobre o qual falavam tanto. Sem nunca ter visto e muito menos sem entender, tive a forte sensação que já o conhecia.

Naquela noite, enquanto dirigia de volta da faculdade, observei o céu carregado de nuvens escuras que os raios iluminavam. Os trovões soaram fortes anunciando a tempestade que chegava, e me apressei a entrar em casa e fechar as janelas. Conhecia muito bem a força das águas.

Imaginando que aquela tempestade pudesse danificar os cabos de energia elétrica, tratei de ascender o fogão à lenha e mantive perto a lamparina a gás no caso de precisar usá-la. Sem mais o que fazer, fui dormir.

Pouco tempo depois, acordei com o barulho do vento, que naquela madrugada foi tão forte que balançou as janelas da pequena casa, mas curiosamente não danificou o telhado.

Quando amanheceu, o céu estava limpo e claro. Foi o vento que, espalhando as nuvens, desfez a tempestade.

Sentindo que seria um dia de sol quente, recolhi algumas roupas, mas ao invés de lavá-las no tanque da área coberta, caminhei diretamente para as pedras de onde, atrás da casa, descia a água da nascente e depois, mais adiante, formava o pequeno lago.

Após esfregar algumas roupas, comecei a brincar com a água que corria, e a sensação foi tão boa que em seguida, juntando as mãos, molhei o rosto e os cabelos. Em instantes, estava completamente encharcada e feliz, ri alto.

Então, parei. Instintivamente percebi que era observada e, virando a cabeça devagar, olhei.

Sentado a alguma distância, próximo ao lago, atento e amigável, um cachorro me olhava fixamente. Era ele, o cão desobediente.

A vida toda convivi com cachorros de muitas raças. Conhecia o temperamento, a docilidade, o amor e a inteligência deles. Vi nascer e crescer uma linhagem inteira, enquanto eu mesma crescia e morava na casa do meu pai e por três gerações conheci de perto a história daqueles cachorros. Também ouvi contar sobre muitos mais, mas aquele cão à minha frente, entendi de imediato, era diferente de todos os outros que conhecia.

Nunca compreendi como conseguiu caminhar pelo terreiro sem que as assustadiças galinhas fizessem a barulheira de sempre e nem porque me olhava daquela maneira, mas havia tanta alegria em seus olhos, que eu sorri.

Depois de algum tempo, quebrando a magia daquele momento, fui até a cozinha e enchi uma vasilha com feijão e carne, oferecendo a ele.

Enquanto comia, fiquei observando em silêncio e entendi porque aquele animal despertava tanta cobiça e desejo em todos os que o viam. Não era apenas belo, tinha o porte majestoso, e a maneira como se movimentava, meneava a cabeça e principalmente a expressão em seus olhos mostravam uma inteligência excepcional.

Quando terminou de comer, muito à vontade, foi deitar perto da casa e pareceu dormir, mas algum tempo depois, com a atenção subitamente desperta, se erguendo de um salto, deu um único latido e correu em direção ao campo aberto. Da janela da sala eu acompanhei com os olhos, até que se perdeu em meio ao capim alto.

No dia seguinte, voltou. E nunca mais foi embora.

Como não sabia seu nome, o chamei Duque.

Precisando comprar mantimentos na cidade, entrei no carro e, nem tinha chegado à porteira, ouvi um latido insistente. Olhando pelo retrovisor, vi que o cão desobediente, agora Duque, corria atrás da caminhonete. Parei o carro e desci.

— Como sei que é desobediente, se eu te mandar de volta, você não irá atender, não é?

Com a respiração ofegante, ele me olhava claramente indignado. Emitia um latido rouco e curto, como se me chamasse a atenção por ter pretendido sair sem ele. Eu o observei em silêncio e sorri. Em seguida, quando abri a tampa, ele saltou para a carroceria.

Nas noites, quando ia para a faculdade, eu recomendava ao vigia que não trancasse a porta da casa, de modo que o Duque estivesse sempre solto. Quando eu voltava, nem bem tinha passado a porteira, invariavelmente ouvia seu latido de boas-vindas. Ele sempre reconhecia o barulho do motor do meu carro. Assim que abria a porta e descia, ele pulava sobre mim, mostrando alegria.

6. Pastos verdejantes: uma mensagem para o futuro

Quando fui morar no sítio, as galinhas e meia dúzia de patos já estavam lá. Como comprava carne na cidade, não tinha necessidade de usar nenhum deles como alimento, e rapidamente aqueles animais se multiplicaram.

Embora o barulho que faziam às vezes me irritasse, a reação máxima que tinha era dar uma corrida atrás de todos para que desaparecessem da minha frente, e o Duque, que encarava as perseguições como brincadeira, também participava.

Numa manhã quente, enquanto eu estava deitada sobre as pedras por onde descia o suave filete de água, no exato lugar onde vi o cão desobediente pela primeira vez, reparei, sem dar importância, que um dos patos se afastou do grupo e caminhou adiante, no rumo da mata.

Já pendendo a cabeça, sonolenta, despertei num sobressalto quando o Duque latiu de uma forma como nunca o tinha visto fazer antes. Olhando para ele, notei que havia se posto de frente para a mata e, numa fração de segundos, vi quando um gato selvagem, a jaguatirica, avançando sobre o pato desgarrado, com uma única patada, cortou seu pescoço ao meio e o arrastou.

Eu fiquei estática, perplexa. Momentos depois, enquanto as galinhas, fazendo algazarra, desorientadas, corriam em todas as direções, o Duque disparou atrás do felino e sumiu em meio às folhagens. Levantando de um salto, fui atrás dele, mas então, pensando no tamanho daquela jaguatirica que acabara de ver, parei na entrada da mata e considerei voltar e pegar a arma que mantinha em casa por segurança.

É que eu me lembrava de quando, há muitos anos, tinha visto alguns documentários sobre aqueles felinos. Mas, quando ouvi um segundo latido do Duque, agora já mais distante, deixei a ideia da arma de lado e entrei na mata como estava. Eu sabia muito bem que, mesmo sendo ele um cachorro de caça, não teria a menor chance numa luta contra as afiadas garras daquele gato selvagem.

A jaguatirica, se vendo perseguida, instintivamente tomou o rumo mais íngreme, montanha acima.

Me esforçando por correr o mais rápido que podia, afastava os cortantes galhos das palmeiras com os braços e me orientava pelos latidos do Duque. Sem parar o movimento, olhei para trás e vi que a casa agora estava bem distante. Eu tinha subido muito e, pelo cansaço, já começava a diminuir o ritmo daquela corrida.

Então, vi um rastro de sangue que se estendia pela relva. Atônita com aquela visão, ganhei fôlego imaginando que o Duque pudesse estar ferido, mas logo descobri a origem do sangue. É que a jaguatirica, com o caçador em seu encalço, havia largado o corpo do pato, se livrando do peso, para facilitar a escapada.

A mata, onde predominavam as palmeiras, que como uma cerca viva se fechavam sobre as pedras por onde descia a nascente, havia terminado.

Com o rosto e os cabelos molhados de suor, cheguei ao alto da montanha. Preferindo caminhar pelos campos, onde podia nadar nos rios e brincar com os nelores, nunca antes havia subido naquele lugar.

Agora, estava um tanto surpresa. Dali podia avistar toda a região. As pastagens verdes, as outras montanhas menores, os rios e lagoas, mas foi quando me virei procurando o cachorro que percebi o quanto aquele lugar era desolado. Entre as árvores grandes e esparsas, só havia uma fina camada de vegetação rasteira e falha.

Os latidos do Duque, agora mais fortes e insistentes, me fizeram entender que ele estava próximo. Desviando a atenção da montanha, continuei caminhando apressadamente e logo o avistei. Parado embaixo de uma árvore desfolhada, ele olhava para o alto, e num dos troncos estava a jaguatirica.

Com seu característico latido rouco, agitado, o Duque apoiava as patas dianteiras no tronco liso, furioso e frustrado por não conseguir subir.

Quando percebeu a minha presença, passou a latir mais alto ainda, enquanto que, vez por outra, me lançava olhares cheios de ansiedade, como a dizer que esperava uma atitude minha.

Rapidamente olhei ao redor, num esforço por avaliar a situação.

A árvore aonde o gato fora buscar refúgio estava isolada das outras. Seu tronco, retorcido e frágil, pendia para o vazio de um íngreme paredão de pedras.

Compreendi que aquela era uma situação de perigo. Se o felino decidisse descer da árvore, não iria se arriscar nas pedras. A única rota possível passava exatamente por onde eu estava, mas, bloqueando esse caminho, um cão cada vez mais furioso o aguardava.

Por algum tempo fiquei completamente imóvel observando a beleza da jaguatirica e lamentei não ter comigo uma máquina para fotografar o momento. Depois, com voz calma, porém firme, chamei o Duque de volta.

Circulando ao meu redor, ele olhava alternadamente para o gato ainda imóvel e de volta para mim. Com a bela cabeça erguida, dava pequenos latidos.

— Duque, você está me dizendo desaforos? - falei rindo, agora com a voz tranquila com que usualmente me dirigia a ele – Vamos para casa.

Relutante, o cão desobediente andou ao meu lado, mas antes que começássemos a descer, ele voltou a cabeça na direção do gato e deu um único latido. Decididamente alertava ao felino que a questão entre eles não estava encerrada.

Nos dias que se seguiram, eu me lembrava tanto do ataque quanto da perseguição desenfreada à jaguatirica e ria do comportamento do Duque, mas fortemente, após as minhas orações, era o platô no alto da montanha que me fazia pensar.

Eu de fato ficara surpresa por descobrir que a mais espetacular visão vinha justamente de um lugar desolado e estéril, mas a sensação que sentia enquanto conversava com Deus e voltava meu pensamento a tudo que vira era diferente, era como um comando em que a razão e a lógica não contavam.

Aquela paisagem precisava ser modificada. E mesmo sem jamais ter feito sequer uma tentativa anterior ou entender como faria agora, eu tinha que fazer.

Encilhando meu cavalo, fui inspecionar os campos que rodeavam a montanha e percebi que o mesmo tipo de capim subia até as pedras. Isso significava que a igual composição do solo permitiria que fosse plantada no alto a mesma espécie de gramínea que já havia embaixo.

Mas era preciso mais. E virando as rédeas na direção das terras de divisa, deixei que Sotalinsk galopasse solto. Atrás do cavalo, se esforçando por acompanhar o passo, estava o Duque.

Entre conversas e café, expliquei para o vizinho o que pretendia fazer e também disse que nunca tinha plantado um campo antes. Concordando em alugar seus animais de tração, ele se apresentou na manhã seguinte bem cedo, e logo os bois carreiros começaram a subida rumo ao platô. Chegando no alto, os sacos com as sementes foram descarregadas, e o vizinho, acreditando ser aquele um esforço inútil, já que eu não criava gado, desceu.

Então, sozinha, eu orei. Agradeci a Deus pela alegria e força eu que tinha. Agradeci pelo meu corpo sadio. Ainda que sem compreender o motivo daquela determinação, sabia que de alguma forma aquele pasto seria útil para alguém algum dia.

Com os pés descalços separei os grãos em pequenos sacos e, seguindo o sulco aberto no solo pelos bois, fui semeando a terra.

Ao final do dia, exausta, me sentei próxima às pedras para observar a magnífica vista, e então uma chuva suave começou a cair. Momentos depois, no horizonte, formou-se o arco-íris.

7. A dor tem tempo certo

No instante em que ouvi a voz da minha mãe, notei que ela não estava bem. As notícias eram ruins. Após seis meses de luta, a tia Rafaela Aída finalmente perdia a batalha contra o câncer.

Aquela morte me deixou desolada. Era a primeira vez que perdia alguém tão próximo e tão importante na minha própria vida.

Tomada por uma imensa tristeza, segui o conselho do meu pai e o acompanhei a uma fazenda que ele tinha, a muitas horas distante. No isolamento, eu buscava a Deus. Sabia que Dele viria a força necessária para seguir adiante.

Acordei de madrugada naquele dia em que iríamos fazer a viagem e levar Sotalinsk para a fazenda. O percurso seria longo e exaustivo, quase dez horas de estrada, e eu, pegando o mapa e já muito bem instruída pelos tratadores, marquei os pontos que poderia parar e dar água fresca a ele.

Uns dias antes fiquei sabendo que dois outros cavalos – ambos puros-sangues ingleses – iriam também naquela viagem. Esses animais haviam sido comprados pelo sócio do meu pai e seriam utilizados para reprodução com éguas locais, melhorando assim os cavalos que já existiam no lugar.

Três caminhonetes com carretas chegaram ao jóquei naquele dia. Na primeira íamos meu pai e eu; na outra estava o sócio; e na terceira, por fim, um piloto, o comandante Jonas, que também tinha um rancho naquela região às margens do rio São Francisco e coincidentemente era nosso vizinho.

Sotalinsk já estava amarrado debaixo de uma árvore, devidamente alimentado e preparado para a viagem. Quando me aproximei, bateu levemente a cabeça no meu ombro, como forma de saudação. Logo em seguida, ouvi a voz alegre e forte do Canguru:

— Paola, esse rapaz aí hoje está animado.

Canguru falava de Sotalinsk e trazia pela guia um outro cavalo. Aquele belo animal também era castanho como o meu, mas de um tom mais escuro.

— Esse é o Duque de York.

— Muito bonito! – falei.

— É meio sério, mas é franco. Já está pronto também – e fez uma expressão desanimada quando completou – agora só falta aquela praga, mas estou esperando o Cuca e o Vicente para me ajudar com ele.

— O quê? Aquela "praga"? – perguntei sem entender.

— É. Esse você não conhece, mas estão fazendo uma festa aqui porque ele vai embora. Ele é tão ruim, que não serve nem para montaria, o sócio do seu pai foi doido de comprar.

— Do que você está falando?

— O cavalo tem três anos e veio do Rio de Janeiro. Só o Cuca conseguiu montar nele, mas não fez uma corrida. Aquele bicho não entra no portão de largada e ataca os outros cavalos. E até para dar comida é preciso entrar na cocheira com um pau. Ele foi vendido barato, quase dado, mas não entendo o que vão fazer com aquele diabo.

— O mesmo que será feito com o Duque de York, vai para a reprodução.

— Vai é matar as éguas – cortou.

— Sério? Ele é tão mau assim?

— Aquilo não presta para nada.

E antes que Canguru se afastasse, perguntei rindo:

— Qual o nome desse monstro?

— Rick Pernambuco – ele falou sobre os ombros.

Eu acompanhei de perto o embarque de Sotalinsk. Me preocupei que estranhasse entrar na carreta fechada, mas como era tranquilo, entrou sem problemas. Enquanto o amarrava, ouvi gritos e, olhando para fora, tentei ver o porquê da confusão que se formou e de onde vinha todo aquele barulho. Homens gritavam, pancadas eram dadas, e um animal, certamente furioso, relinchava, mas de dentro da carreta não consegui ver nada e, quando sai, tudo já estava calmo. "Deve ser o tal Rick", pensei. Com os três animais embarcados, partimos para a longa viagem.

Quando chegamos, o sol baixava no horizonte de céu azul e limpo, o que significava que teríamos de nos apressar para alojar os cavalos, antes que a noite chegasse.

Fiquei de imediato encantada pela beleza do lugar. Campos verdes dominavam a paisagem e no meio da planície pequenos agrupamentos de coqueiros se formavam, eram as veredas.

As veredas são como oásis onde lagoas de água cristalina abrigam uma infinidade de peixes coloridos. A diferença óbvia é que ali não havia deserto algum. Ao contrário, havia abundância de vida.

A casa era excelente. Rodeada de varandas e grandes janelas de madeira. Muito bem dividida com ambientes espaçosos e claros. Um grande gerador garantia que teríamos a iluminação necessária.

Senti a paz daquele lugar. Conhecia fazendas, mas a grande diferença era que esta praticamente não havia sido tocada pela mão humana. Ali existiam animais selvagens de fato, muito disso eu soube durante a viagem pelas palavras do comandante Jonas e do meu próprio pai, e no caminho eu mesma havia visto vários veados campeiros que nos observavam curiosos antes de desaparecer no capim alto.

Ainda que extasiada por tanta beleza e novidade, minha primeira preocupação era alojar Sotalinsk.

Para abrigar os cavalos, cinco baias foram construídas. E até placas com os respectivos nomes foram colocadas na parte de cima de três delas. A do meu cavalo ficava próxima a uma grande mangueira e fazia frente a um lago, mas para chegar a ela tinha, antes, que passar pelas outras duas.

Eu mesma desembarquei Sotalinsk e o soltei no piquete de tábuas de madeira, já que ele, como os outros dois cavalos, não estava acostumado com cercas de arame.

Assim que foi solto, Sotalinsk disparou numa corrida em círculo, perfeitamente consciente do espaço que tinha. Estava visivelmente feliz e por certo aliviado daquelas longas horas que passou dentro da carreta. Fiquei parada observando sua beleza. Vez por outra ele vinha até mim e, estacando com precisão, tocava no meu ombro delicadamente com sua imensa cabeça. Só por um instante e antes que pudesse tocá-lo de volta, disparava numa nova corrida. Era correndo que Sotalinsk demonstrava sua alegria.

Algum tempo depois, tomei a direção da casa e vi o Duque de York observando tranquilamente os campos. Próxima à baia dele estava outra, completamente fechada, mas em cima pude ler o nome do seu hóspede: Rick Pernambuco.

Quando os últimos raios de sol se despediam e antes que a noite chegasse, um barulho ensurdecedor tomou conta do lugar. Eram os pássaros se aninhando nas árvores. Sentados na varanda, meu pai, Canguru e eu, cansados e felizes, observávamos aquele espetáculo.

Os dias que se seguiram foram de paz. Ali, naquele universo que eu somente conhecia por livros, fotos e documentários, não pude deixar de pensar em Deus e na Sua perfeição. Também foi Nele que pensei quando, sentada na janela, contemplei o céu de noite clara e estrelas brilhantes.

E como aquele foi tempo de alegria que eu pressenti ser especial, aproveitei para viver o novo.

Logo que amanheceu, no primeiro dia, saí para cavalgar sozinha com Sotalinsk, compreendendo que também para ele tudo aquilo era uma novidade. Surpreendentemente ele seguiu por todos os caminhos em que o direcionei. Mesmo sendo impetuoso, permaneceu tranquilo em meio à vegetação de campo que tocava seu corpo e à algazarra dos pássaros.

Esse comportamento em um animal que passou de seus cinco anos de vida num ambiente totalmente artificial, só saindo da baia para as pistas de corrida, confirmava seu excepcional temperamento.

Quando voltei daquele passeio, o sol já estava alto e em pé. Encostado na parede da varanda, meu pai me observava em silêncio, mas pelo seu olhar pude perceber imediatamente que não estava de bom humor e, antes que eu descesse do cavalo, veio em minha direção.

— Você não tem juízo algum, todos saíram para te procurar.

— Mas, pai, eu fui passear com Sotalinsk, que não estranhou nada e... – não pude terminar.

— Que belo par vocês dois fazem, uma menina tonta e um cavalo doido. Você não tem noção dos perigos desse lugar. De hoje em diante você só sai acompanhada – e encerrou a conversa entrando na casa.

Quando os homens voltaram, passei o resto do dia sendo informada dos tais perigos, e à noite fomos visitar o fazendeiro vizinho, que nos mostrou de fato os animais que abundavam naquele lugar. Logo na sala, em meio a veados e javalis, em destaque na parede havia o couro de uma enorme onça que ele havia caçado.

Me lembrando daqueles animais, chamados troféus de caça pelo fazendeiro, na manhã seguinte saí acompanhada.

— São seis quilômetros de areia até o povoado mais próximo – avisou Canguru.

Estávamos cavalgando juntos como desde o dia seguinte em que cheguei, mas aquela seria a primeira vez que iríamos a Cachoeira da Manteiga com os animais.

O Duque de York, em certo momento, estava tão emparelhado com meu cavalo, que a cabeça dele quase tocou em Sotalinsk. Senti o corpo do animal retesar. Mordendo o bridão e batendo com as duas patas no solo, ele estava visivelmente agitado. Mais agitado do que normalmente era.

— O rapaz aí está nervoso – disse Canguru rindo, olhando para o cavalo que conhecia muito bem.

— Está nervoso, sim, e sabe por quê? – apontei para o chão – Estamos numa estrada de areia, tem um outro cavalo ao lado, entendeu?

— Entendi, a areia e o Duque de York fizeram ele lembrar do tempo das corridas. Ele nunca gostou de outro nem na frente e nem do lado, mas isso passou, faça ele entender – aconselhou Canguru.

— Hum, sabe que não. Tenho segurado esse cavalo para não disparar pelas veredas desde que cheguei aqui, mas a alegria dele é correr, e sendo assim... – disse soltando um pouco a rédea – vou deixar ele fazer o que gosta.

Sotalinsk, que andava meio de lado, endireitou o corpo, e instintivamente o Duque de York fez o mesmo. Aqueles animais foram feitos para correr. Era a natureza deles.

Batendo as patas na areia, Sotalinsk começou a dar pequenos saltos. Levei a mão ao seu pescoço e dei duas palmadas de leve para incentivá-lo. Então falei alto:

— Voa! – e tirei toda a pressão das rédeas.

61

Se vendo livre, o cavalo, que caminhava meio de lado, sequer endireitou o corpo. Extremamente ágil, deu um salto na direção correta da estrada e disparou.

O dia de verão já estava quente e o céu, limpo. Na minha frente se abria uma imensa reta, e eu pude sentir a face fria sob o sol forte. Firmando mais as pernas e segurando em sua crina, deixei que o cavalo corresse livremente, e ele correu pelo tempo que quis.

Aquele foi um momento que nunca pude e nem quis esquecer. Quando anoiteceu, para completar o dia tão recheado de alegria, choveu, e sentados na varanda, Canguru e eu observávamos encantados a água caindo forte. Ao final da tempestade pude sentir o delicioso cheiro de terra molhada.

Em muitas outras ocasiões, durante o período que passei na fazenda, corremos juntos ou simplesmente passeávamos com tranquilidade.

Eu estava aprendendo a conviver com a primeira grande perda, que foi a morte da minha tia Aída, e, sem dúvida alguma, o ambiente em que busquei refúgio e principalmente o contato com aquela natureza exuberante ajudaram muito na aceitação da perda definitiva.

E um dia, depois de soltar meu cavalo para que corresse livre dentro do seu piquete exclusivo, reparei que era observada. Com cautela, me aproximei.

— Então, Rick, você também quer passear e tomar sol? – falei.

O alazão recuou dois passos e ergueu a cabeça. Se mostrando ainda maior, pretendia claramente me intimidar. Era um aviso, e pelo que sabia dele, ainda estava decidindo se me atacava ou não.

Rick me olhou nos olhos, de frente e, sem medo algum, se aproximou. Entre nós havia somente a porta da baia, e evidentemente a trava daquela porta não era, de forma alguma, obstáculo capaz de conter a sua força, caso quisesse usá-la. Mas o alazão não fez isso.

Ao contrário, estendeu o longo e belo pescoço e tocou levemente na minha mão direita.

Foi então que comecei a falar com ele.

Não sei se foi o cheiro, o tom da minha voz, a postura calma ou talvez tenha sido um pouco de tudo isso. Acredito que os animais, tendo os instintos tão apurados, conseguem perceber sentimentos e intenções muito mais facilmente que nós, humanos. O fato é que daquele dia em diante, comigo, Rick Pernambuco deixou de ser o animal violento que costumava ser.

Aquele cavalo, pelo que sabia, veio de um haras onde se tem o mau hábito de espancar os potros, para que então, sob o domínio do medo e da dor, se submetam a serem montados. Mas algumas vezes esse método falha.

Quando um tigre, ao ouvir o estalo do chicote do domador, se submete a comportar-se como um cãozinho yorkshire, dando pulos e se erguendo em duas patas, faz isso por medo. O tipo de chicote usado nesses espetáculos de mau gosto não tem capacidade de matar ou sequer ferir seriamente um animal daquele porte. Mas o tigre, subjugado pelo medo que domina sua mente, não consegue ter consciência de que bastaria uma de suas garras para levar ao chão o domador com seu chicote.

Igualmente, um garanhão do porte do puro-sangue inglês, em média com quinhentos quilos de músculos e cascos afiados, só se submete à taca do jóquei pelo medo.

Acontece que Ricky Pernambuco, sofrendo a violência que sofreu ainda bem jovem, de alguma forma teve consciência da própria força e não vacilava em usá-la.

Mesmo não estando presente para ver a doma, sem dúvida alguma um fato traumático aconteceu.

Animais têm temperamento. O próprio Sotalinsk era excepcionalmente fogoso se comparado até aos de sua raça, mas não era violento e mantinha um comportamento estável dentro da própria personalidade. Rick não. Sendo um potro de três anos, a resposta violenta à aproximação de qualquer outra criatura – humana ou não – já estava condicionada em sua linha de fronteira imaginária. O estrago fora feito.

Se a coragem dos leões está em lutar, nos cavalos puro-sangue está em correr, e Rick não havia negado a sua raça de corredor. Logo cedo, quando abria a grande janela do quarto, muitas vezes o observei correndo sozinho.

Uma dessas corridas desenfreadas acabou de forma trágica. Os cavalos que nascem em haras e depois são levados ao jóquei para competição ficam livres para se exercitar em picadeiros de réguas de madeira, nunca em cerca de arame. Sotalinsk e o Duque de York tiveram o bom senso de não aproximar da estranha linha que brilhava ao sol, mas Rick era Rick e não tinha medo de nada, muito menos aceitava limites.

Num dia em que seu temperamento esteve mais exacerbado do que comumente era, ele disparou. Ignorando o obstáculo, batendo com o peito, rompeu a cerca e foi cair adiante, com o arame farpado profundamente enroscado em sua pata dianteira direita.

Quando o administrador da fazenda viu aquilo, foi até o carro e buscou sua arma. Insistia em que precisava terminar com o sofrimento do animal.

— Não se aproxime! – falei me interpondo.

Foi naquele momento, entre a fúria e a dor, que Rick Pernambuco me olhou como nunca tinha feito antes. Mostrando sua força, ele se levantou e delicadamente encostou a sua cabeça na minha.

Instantes depois, meu pai e o Canguru chegaram. Perplexos, não sabiam o que surpreendia mais, se era o corte na pata ou o extraordinário gesto de carinho e confiança daquele animal, antes e sempre tão bruto.

Rompendo o silêncio, meu pai pediu que eu pusesse o cabresto no pescoço de Rick. Precisava tirar o arame e examinar o corte.

Acredito sinceramente que se eu não estivesse ali – agora meio abraçada ao pescoço daquele cavalo – meu pai teria permitido que o administrador usasse a sua arma. Mas me observando e percebendo meu olhar de ansiosa expectativa e aflição, ele pediu ao Canguru que ajudasse a levar Rick até a baia. No final daquele dia, meu pai voltou da cidade trazendo antibióticos e curativos.

Nas semanas seguintes, enquanto Canguru limpava cuidadosamente a pata lacerada do animal, eu acompanhava tudo. Segurando Rick pelo cabresto, cantava músicas em italiano para ele. Canguru ria vendo o que eu fazia. Quanto ao alazão, balançava a cabeça e cheirava meus cabelos, me olhava de frente e pela primeira vez mostrou seu bom humor.

Após quase dois meses naquele lugar tão diferente de tudo o que conhecia até então, era preciso retornar. Nunca antes havia ficado tanto tempo afastada da vida na cidade, e foi esse retiro necessário, inicialmente para assimilar a dor da perda de uma pessoa que amava, que terminou por abrir meus olhos para um mundo onde a beleza do simples mostrou sua força de cura.

Eu sabia que pelo restante da vida teria saudades daquela tia tão amada, mas agora entendia melhor o mecanismo desse tipo de dor.

A tristeza é sempre motivada, identificada. E precisa ser vivida porque, da mesma forma que o fogo termina quando o oxigênio se esgota, esse tipo de dor consome a si mesmo.

Quando consegui assimilar e aceitar a perda definitiva, minhas lembranças passaram a ser não mais dos últimos dias, do sofrimento e decadência física que acompanhei de perto enquanto estive com ela como acompanhante ao tempo em que ficou hospitalizada e depois, cuidando de suas mínimas necessidades, já em casa. As lembranças então passaram a ser dos anos felizes em que nadávamos juntas, do ser humano inteligente e forte que conheci, do temperamento brincalhão e cheio de humor.

De fato, a vida de uma pessoa não se resume ao fim que teve. A morte colherá até mesmo a glória do mais poderoso monarca, igualando-o ao menor dos servos. Mas é o legado, a vida vivida e testada, que fará a diferença.

Enquanto o carro se afastava, olhando os campos e veredas, senti um certo pesar. É que logo cedo, ao procurar por Rick para me despedir, não o encontrei. Canguru explicou que, assim que abriu a baia, ele saltou sobre as réguas de madeira do piquete e desapareceu na planície. Como uma tempestade se formava, ficou acertado que, logo após a nossa partida, sairia para procurá-lo.

Como essa não tinha sido a primeira vez que o alazão saltava cercas e passeava por conta própria, ninguém ficou alarmado. Mas eu, secretamente, reconheci que estava triste por não poder vê-lo uma última vez. Na mão direita, ainda girava a maçã que tencionava ter dado a ele.

Então, subitamente, vi que meu pai olhava na minha direção e ria abertamente. Acompanhando seu olhar, virei a cabeça e, tomada de alegria, pude ver Rick Pernambuco correndo a poucos metros em paralelo ao carro.

Sem que precisasse pedir, meu pai parou o veículo. Descendo, logo estávamos frente a frente.

Sobre as nossas cabeças, naquele descampado varrido pelo vento, um raio cortou, no horizonte, o céu cinzento. Por um segundo, já prevendo o barulho do trovão que viria, temi que o garanhão, assustado, se afastasse. Mas quando o barulho forte reverberou pelos campos, ele, surpreendentemente, se manteve calmo.

Naquele exato momento, impactada, compreendi o que até então não tinha percebido: se Rick jamais aceitou força de mão humana sobre ele, aceitava com tranquila e serena submissão, a força superior da natureza.

Aproximando mais ainda meu rosto de sua bela cabeça, falei:

— Rick, você é de Deus, sempre foi e será. Agradeço a Ele por ter permitido conviver com você.

Ao me despedir dele, olhamos profundamente nos olhos um do outro, e depois, enquanto o carro se afastava, pelo retrovisor, eu ainda o olhava até que, numa curva, o perdi de vista.

No final daquele ano de descobertas, as chuvas foram tão fortes, que o rio Paracatu encheu até transbordar. Nas planícies inundadas não havia mais pasto, e o gado, todos da raça nelore, numa desesperada luta pela vida, rompeu cercas e migrou.

Nesses momentos, as pessoas sob aflição se unem e vizinhos ajudam vizinhos. Um deles, fazendeiro e piloto de avião, partiu para ajudar o Canguru.

A sede da fazenda ainda não estava sob as águas, mas faltava pouco. Apenas uma estreita faixa de terra continha o avanço do rio furioso e o avião de resgate precisava decolar.

Canguru olhou para os três garanhões. Sabia que aqueles puro-sangue, acostumados a viver em baias, não estavam preparados para enfrentar um ambiente selvagem. Por outro lado, se ficassem presos, não teriam a menor chance e morreriam afogados. Sem vacilar, foi até as baias e destravou os trincos. Ele sabia da inconveniência de soltar os três de uma vez. Sem uma barreira que os separasse, brigariam entre si até a morte.

O Duque de York foi o primeiro a ser solto. Mas ao invés de sair, recuou assustado para o funda da baia.

Ricky Pernambuco, no momento em que a porta foi aberta, num passo displicente, caminhou para fora. Pareceu calmo enquanto olhava os campos inundados, certamente nunca tinha visto tanta água. Erguendo a cabeça, o alazão avançou sem medo e disparou.

Sotalinsk se aproximou e Canguru tentou falar com voz firme:

— Rapaz, você não morre, não. Lembra que sabe nadar e mostra por que é o favorito da sua dona.

O belo castanho de crinas negras ergueu a cabeça, orgulhoso, e, batendo com força as patas dianteiras no chão, arrancou terra. Longe de estar intimidado pela planície inundada, ele parecia impaciente por correr até as águas e, quando se viu livre, também disparou. Canguru o acompanhou com os olhos.

A quase seiscentos quilômetros de distância, meu pai e eu, desolados, ouvimos pelo telefone Canguru contar sobre o último momento que tinha passado com os cavalos.

Nós acompanhamos, de toda forma possível, as notícias sobre a inundação. Incessantemente eu orava a Deus para que protegesse as pessoas e, dentre os animais, aqueles três garanhões.

Dois meses depois, as águas baixaram e, havendo novamente estradas, fui com meu pai ver o que ainda restava daquele lugar.

Canguru já tinha voltado para a sede da fazenda. Esteve todo o tempo numa cidade próxima em segurança, mas, preocupadíssimo com os cavalos, mal conseguia dormir.

Quando meu pai fez soar alto a buzina, anunciando a nossa chegada, Canguru veio correndo, e sem esperar que o carro parasse totalmente, abri a porta e fui abraçá-lo.

Agradecia a Deus pela vida dele. Mas quando o olhei, vi que tinha no rosto uma expressão carregada de tristeza. Claramente compreendi que aquela enchente havia posto fim a muito mais que pastagens e sem dizer uma única palavra caminhei com passo apressado em direção às cocheiras.

Logo avistei Sotalinsk trotando alegre em minha direção. Ainda que agora, abaixo do peso, mantivesse intacta sua postura orgulhosa. Então chamei:

— Rick.

Quando ouvi o barulho dos cascos e logo em seguida vi o animal que chegou, sorri feliz em ver o Duque de York bem e ele só não se aproximou mais porque Sotalinsk relinchou, agressivo.

— Só os dois. Rick Pernambuco não – ouvi a voz do Canguru atrás de mim.

Empalidecendo, me virei em silêncio e ele completou:

– Vamos tomar um café, que te conto tudo.

Antes de subir no avião de resgate para salvar a própria vida, Canguru soltou os três animais. Não seria fácil sobreviver, mas era a única chance que tinham. Todos eles, antes mesmo da doma de cabresto, foram acostumados a nadar para que desenvolvessem força e não teriam problema se precisassem enfrentar apenas a água. Entretanto, habituados à ração no cocho e à proteção das paredes da baia, não aprenderam a encontrar comida e nem a se manter longe dos perigos.

Naquelas circunstâncias, só se erra uma vez, não haveria nova oportunidade.

O Duque de York, a princípio apavorado, reuniu forças e se juntou a Sotalinsk. Muitas pessoas viram os dois garanhões nadando lado a lado e correndo em direção às terras mais altas onde havia pasto.

O comportamento agressivo, natural entre machos, foi abandonado sob as circunstâncias de perigo e trocado pela cooperação.

Quanto a Rick Pernambuco, na verdade ele nunca deixou de estar em seus primeiros anos de vida. A violência aplicada na doma refletiu para sempre na forma como agia, e ele simplesmente não teve tempo de aprender a ser diferente.

Tão logo foi seguro, Canguru voltou e, chamando por Sotalinsk, encontrou-o não muito distante da casa. Com ele também foi o Duque de York. As três baias já estavam preparadas e os dois cavalos se acomodaram.

Numa noite em que choveu forte, Canguru foi até a janela e quando os raios iluminaram a escuridão pôde, ainda que por instantes, ver Rick galopando sob a tempestade. Ele não tinha medo algum, ao contrário, parecia feliz em finalmente ter encontrado uma fúria maior que a sua.

Muitas vezes naqueles dias, Canguru chamou por Rick Pernambuco e, junto com o administrador da fazenda, tentou laçá-lo. Mas nunca conseguiram. E um dia, enquanto caminhava à sua procura, o encontrou deitado embaixo de uma árvore. Estava morto.

Por muito tempo guardei comigo uma trança vermelha que Canguru, por delicadeza, havia feito com a crina de Rick, para que eu não me esquecesse dele.

Nos anos posteriores, em alguma das muitas mudanças de casa que fiz, acabei perdendo aquelas tranças, mas nunca me esqueci do alazão.

8. Transformações

Quando voltei daquela temporada de isolamento necessário, fiz prova para estagiar no Ministério Público Criminal, junto à 1ª Promotoria dos Direitos Humanos, e mergulhei nos estudos. Amava de fato o que fazia e, ainda que presenciasse comportamentos horríveis, observava também que muitos daqueles transgressores, consternados pelos crimes cometidos e compreendendo os erros do passado, não voltavam a delinquir.

Eu acompanhava aqueles homens e mulheres enquanto iam assinar os livros de custódia no Fórum e, percebendo a transformação radical em suas condutas, conversando com muitos deles, quis saber o que os teria inspirado para tamanha mudança. De todos, ouvi um único nome: Jesus.

A fé permitia que antigos assaltantes e traficantes, após o cumprimento da pena, tomassem novo rumo. Aqueles outrora criminosos, a maioria anteriormente mostrando arrogância, acostumados a ostentar a riqueza fácil, se submetiam agora à vida simples do salário que recebiam e, o mais surpreendente, o brilho nos olhos daquelas pessoas exalava paz e não mais a aflição tormentosa que eu podia perceber quando os encontrava ao tempo em que viviam desfrutando dos produtos do crime.

Impressionada, comentei com meu pai a respeito dessas pessoas e das mudanças que via. Então, ele me contou a história de Chico "Diabo".

Na sua Diamantina, corriam muitas histórias, mas uma era especial.

Ao tempo da Guerra do Paraguai, alguns moradores da cidade partiram como voluntários, dentre eles, o jovem Francisco Aragão.

Poucos meses depois chegavam as primeiras notícias dos ausentes e em destaque os atos de violência de Francisco, agora apelidado Chico Diabo.

Os diamantinenses, horrorizados, acompanharam os relatos do homem que matava indiscriminadamente não apenas outros soldados, mas arremessava com sua lança contra a população civil.

Acontece que um dia, em pleno campo de guerra, Chico teve uma visão extraordinária. À sua frente, Jesus acariciava um cordeiro e sorria para ele.

Impressionado, durante uma semana aquele homem não conseguiu falar, tomado por um choro convulso. Então, contou o que havia visto e, a partir desse fato, se recusou a pegar em armas.

Enviado para o Rio de Janeiro para enfrentar a Corte Marcial, Chico ficou preso por quinze anos e por esse tempo, de forma incessante, contava aos outros prisioneiros tanto os atos terríveis que tinha cometido quanto a estarrecedora bondade que vira nos olhos de Jesus. Ali, durante o encarceramento, ele lia a Bíblia.

Após mais de uma década, Francisco foi solto. A Corte o acreditava doente mental e assim, pôde voltar a Diamantina.

Pelo resto de sua vida, aquele homem se dedicou a ajudar pessoas. Construiu para si um pequeno alojamento e ergueu uma cruz de madeira bem em frente.

Passados muitos anos, já idoso, quando sentiu que estava morrendo, cercado pelas dezenas de pessoas que havia de alguma forma ajudado, Francisco falou pela última vez a respeito da visão que mudara a sua vida e contou do pedido que fizera.

Se Jesus concedesse a ele a graça da salvação, que um sinal fosse dado para todos aqueles que ficaram como prova de que não há perdidos para Deus.

Semanas após sua morte, no alto da cruz de madeira que havia feito, nasceu um pequeno ramo e com o tempo uma árvore tão grande cresceu ali que, passados mais de cem anos, se tornou difícil identificar os restos da antiga cruz.

Meu pai, mesmo sendo o homem cético que era, ainda se impressionava com essa história e não mostrou surpresa alguma quando fiz meus próprios relatos.

No ano seguinte, após a terminar a faculdade, voltei a morar na antiga cidade e comecei a exercer a advocacia. Por aquela época, trabalhava com meu sogro, que também era advogado.

Antes de deixar o sítio definitivamente, chamei o Duque e subi com ele para ver como estava o lugar em que havia semeado a terra no ano anterior.

E, para minha surpresa, vi maravilhada que um rico capim crescera ali. Onde antes havia apenas pedras e uma vegetação falha, agora dominava um campo verde e abundante.

No alto daquela montanha eu orei em agradecimento. Para sempre me lembraria de que Deus transforma terra árida em pasto verdejante.

Um ciclo estava terminando e outro apenas começava.

CAPÍTULO III

A TEMPESTADE

1. Em queda vertiginosa

Até uma determinada fase da vida, especialmente nos primeiros anos depois que me formei em Direito, ouvi de muitas pessoas que não precisaria estar passando pelas dificuldades financeiras que passava se eu tivesse feito o que meu pai e avô queriam e me tornado médica como eles. Naquele momento, diziam, sem dúvida eu estaria trabalhando nos hospitais da família e já teria uma bela casa própria e não o modesto barracão alugado de cinco cômodos.

Se contasse que muitas vezes precisava escolher entre pagar a conta da água ou a da luz por não ter dinheiro e se falasse ainda que aquela situação representava uma melhora em relação ao tempo em que, vivendo no sítio, precisei colocar uma lona entre os caibros vasados do telhado para suportar o vento frio que entrava diretamente por eles, sem dúvida aquelas pessoas iriam rir de mim, por achar, de fato, que eu era uma idiota. Mas eu não dizia nada, porque vivia a vida que eu mesma tinha escolhido.

Nunca tive medo de caminhar sozinha.

O não seguir os passos do meu pai e avô nada teve de rebeldia, ao contrário, foi buscando desenvolver meus dons que pretendia alcançar o caminho para a paz, a alegria e a realização.

O dom é tão único e específico quanto o próprio indivíduo.

Quem pretende seguir o dom que é do outro sacrifica aquele que lhe foi dado.

E com o tempo, seguindo meu próprio caminho, a situação foi melhorando. Ainda assim, nunca deixei de reinvestir uma parte do tempo e do dinheiro que ganhava para aprender mais e me tornar melhor no que fazia. Quando há satisfação na escolha, o empenho se torna prazer, não sacrifício e eu tinha muito prazer no que fazia.

Em 2005 já tinha competência técnica suficiente para receber novas e maiores responsabilidades. O sucesso financeiro foi uma consequência natural do esforço daqueles últimos dez anos.

E então pude aproveitar a vida com mais calma e, por um curto período, diminuí o ritmo de trabalho.

Após quase treze anos de casamento, nasceu meu filho, e, como quisesse homenagear o maior dos brasileiros e o mais humano dos apóstolos, dei-lhe o nome de Pedro.

Quando meu filho fez três anos, quis que conhecesse o mar, mas não ainda aquele do Rio de Janeiro. Assim, fomos para as águas calmas de Porto Seguro, na Bahia.

Quando o sol baixava, nós dois caminhávamos pela areia catando as mais belas conchas. Muitas vezes, eu fazia elaborados castelos e, tão logo terminava e lhe passava a "propriedade", o Pedro, querendo ser rei de verdade, dava um salto sobre as torres, que desmoronavam. Atônito, mas sem desanimar, ele mesmo se esforçava por reconstruir as torres de seus castelos. Mas, contrariando o ditado que dizia "filho de peixe, peixe é", naquela época ele tinha verdadeiro horror do mar.

Enquanto eu nadava e mergulhava, ele ficava sentado na areia e apenas olhava. Num dia, em que as ondas estavam especialmente fortes, assim que saí do mar e me deitei ao lado dele para descansar, meu filho perguntou muito sério:

— Mãe, você não tem medo do mar?

— Tenho sim e é por isso que eu sempre volto. O medo, nesse caso, é bom.

Em muitas ocasiões, passávamos os dias simplesmente deitados, conversando às sombras dos coqueiros, e então eu lia para ele. Outras, saíamos de carro sem destino certo, e ainda por muitas vezes eu o levei para conhecer os índios que há séculos, desde o descobrimento, habitavam aquela região.

Numa dessas visitas, meu filho ficou frente a frente com um indiozinho que eu já conhecia. O nome dele era Xorrã, e era neto do cacique. Tinha perdido os pais e, como não existem crianças abandonadas entre aqueles índios, era criado por todos da tribo, mas vivia na oca do avô.

Xorrã era uma criança arredia e extremamente inteligente. O cacique não permitia que o neto recebesse qualquer instrução religiosa, embora o instruísse a respeito de muitas crenças. Um dia, enquanto ensinava meu filho a fazer um cocar, Xorrã se virou para mim e perguntou se eu era cristã. Diante da resposta afirmativa, ele tornou a perguntar:

— Como vocês puderam matar o Deus de vocês, se ele só fazia coisas boas?

Quando voltamos daquelas férias em 2011, mesmo tendo passado dias tão calmos, notei que sentia um estranho cansaço.

Num domingo, após o almoço, meu pai me chamou em seu escritório. Usando um tom de voz que denotava preocupação, fez um alerta: "Você está indo rápido demais". Mas não dei importância e logo estava viajando a trabalho novamente.

Pela tela do notebook conversava com meu filho todas as noites e depois saía para caminhar por aproximadamente uma hora. Eu amava aquelas caminhadas nas ruas tranquilas das cidades do interior. Quando chegava, exausta, após o banho, dormia muito melhor.

Muitas outras vezes, sabendo que iria me demorar por mais dias e tendo oportunidade, conseguia convites e, logo pela manhã, nadava nos clubes locais. Essas atividades, que já fazia há tantos anos, me davam disposição para suportar o ritmo de trabalho.

Não me lembro do dia, mas sei que foi em meados do ano que aconteceu um fato estranho.

Eu gostava muito de pintar e, claro, gostava das cores. Numa das minhas viagens a São Paulo, estando no aeroporto, já para voltar, decidi comprar lentes coloridas.

Dentre as várias que experimentei, a azul-oceano ficou mais natural. A partir de então, gostava de colocar aquelas lentes e, quando me olhava no espelho, achava graça, ria. Depois, com o tempo, perdi o interesse.

Um dia, enquanto estava na cidade mineira de Uberaba, senti novamente o mesmo leve desânimo que havia sentido quando voltei das férias na praia, no verão daquele ano. Sem entender o que acontecia e encontrando a caixa das lentes coloridas entre as minhas coisas, resolvi usá-las. Em todas as ocasiões que coloquei aquelas lentes, ficava alegre por ver nos meus olhos a cor do mar.

Quando terminei de me arrumar e olhei no espelho, senti um mal-estar. É que aquelas lentes, que tantas vezes haviam me agradado e deixado feliz, agora provocavam o sentimento oposto. Irritada, imediatamente as tirei e joguei na caixa.

Não compreendi o porquê daquela sensação, mas os olhos azuis só destacaram com mais força o estranho sentimento de ausência que já vinha sentindo. Concluí que os apartamentos dos hotéis em minhas constantes viagens, seguindo o padrão que seguiam, eram responsáveis pela sensação de não pertencer a lugar nenhum.

Passei a levar fotos minhas e de todas as pessoas que amava naquelas viagens. Pretendia com isso tornar mais pessoais os impessoais ambientes dos hotéis. Eu colocava as fotos juntas, e por um tempo isso funcionou bem, mas um dia, antes mesmo de sair da cama, olhei para o conjunto que dias antes tinha colocado em destaque de forma tão cuidadosa.

Lá estavam as fotografias do meu filho, marido, pai, mãe, avó, tias, Canguru e até do Duque e do Sotalinsk e, claro, a minha própria. Eu me sentia feliz quando olhava todos juntos, mas naquela manhã não foi assim, e era a minha foto que senti destoar do restante. Foi uma sensação tão estranha e tão forte que, antes de sair, retirei da mesa aquela em que eu aparecia, mas segui com as atividades do dia, sem querer pensar sobre o que estava acontecendo.

Todas aquelas viagens eram cuidadosamente planejadas. Havia tempo para tudo. Reuniões tinham horário certo para começar e terminar. As horas precisavam ser aproveitadas ao máximo. Do contrário, poriam em risco o resultado prático de todo o trabalho.

O ritmo a que estava acostumada permitia que fizesse tudo o que era necessário. Eu não era advogada em tempo integral. Vivia uma vida debaixo da disciplina que eu mesma me impus, mas era exatamente por isso, pela disciplina, que conseguia aproveitar o tempo.

Estando nas cidades do interior, tão menores se comparadas à capital onde morava, tinha acesso mais tranquilo a alguns lugares, que visitava frequentemente. Eram os pequenos hospitais e abrigos de idosos.

O tempo e a profissão que tinha escolhido nunca foram impedimento para estar perto de pessoas que, nesses lugares, enfrentavam muitas vezes mais que a dor do sofrimento físico e como na época de criança, eu conversava com aqueles pacientes tentando tornar mais suportável o peso das doenças.

Como trabalhava em cidades na região, distantes cerca de cem quilômetros umas das outras, logo dispensei o veículo fornecido pelos contratantes e passei a viajar em meu próprio carro.

A região toda era muito bonita: predominavam as plantações de café e, próximo à época de colheita, os grãos vermelhos contrastavam com o verde das pastagens. Estar sozinha me dava uma imensa sensação de paz e naquelas horas de solidão eu orava.

Nunca deixei de agradecer a Deus por todas as graças que tinha recebido.

Eu ainda era uma menina e, sem que ninguém me esclarecesse, sentia a presença do que não podia ver e quando meu pai, levando a passeio seus pacientes já terminais, me chamava para conversar, eu sabia que era Ele, o invisível, quem conseguia dar força e paz àquelas pessoas com corpo e sentimentos destroçados. Eu também sabia que era Ele quem havia me dado todas as coisas.

O tempo firmou o modo como eu sentia Deus. Antes mesmo de começar qualquer planejamento, conversava com Ele e pedia a Sua benção. Quando comprava livros, agradecia por ter conseguido e pedia que me desse a sabedoria necessária para compreender o que estava escrito. Na dúvida, por seguir os muitos caminhos, pedia esclarecimento. Em tudo havia a presença de Deus.

Àquela altura, ao pensar na vida, acreditava que os meus maiores desafios já tinham acontecido. Os anos das grandes lutas pareciam superados. Eu tinha uma família linda, tinha saúde e tranquilidade financeira. O mundo pareceu seguro.

Então, alguma coisa não foi bem.

Eu ficava surpresa com o cansaço repentino, mas o que mais incomodava e confundia era a sensação de ausência. Tentei ignorar, não alterando em nada a minha rotina. Só que estava mudando e, gradativamente, perdi a satisfação com as, antes tão boas, caminhadas noturnas. Ainda por algum tempo continuei a nadar naquelas viagens, até que também deixei de gostar.

Como não caminhava mais, tinha as noites livres. Algumas vezes, chegava ao hotel exausta e ficava deitada lendo. Outras, estendia o trabalho até a madrugada. O objetivo racional para esse comportamento era não deixar, nunca, a mente desocupada para pensar no que estava acontecendo.

Numa dessas viagens ao interior, fui convidada para uma festa. Como era em uma fazenda e o dia estava bonito, decidi ir.

Eu estivera debruçada sobre o computador desde a madrugada e não me sentia bem, mas a beleza dos campos cuidados e principalmente os cavalos árabes criados no lugar me deixaram, de início, animada. Circulei entre os convidados e conversei com muitos deles, até que o barulho da música alta fez voltar o mal-estar.

Suando frio, pedi permissão ao proprietário para passear em um de seus cavalos e ele, ainda que um tanto surpreso por eu querer deixar a festa, me acompanhou até os estábulos. Lá, inicialmente ele mesmo escolheu um para que eu passeasse, mas logo percebi que o escolhido era calmo demais para o meu gosto. Desapontada, tentava imaginar uma forma delicada de sumir dali, quando uma voz se interpôs:

— Apresente Corisco à moça, ele é o certo para ela – disse o homem encostado na parede e que até então estivera me observando em silêncio.

Ainda que sabendo do meu amor aos cavalos e tendo eu falado sobre muitos deles, nunca tinha dito a respeito do meu hábito de montar em nenhum. E, julgando pela aparência, o proprietário não poderia imaginar que uma mulher, advogada e da cidade, estivesse acostumada àqueles animais.

— Posso ver esse Corisco? – perguntei.

Logo vi chegar um belo cavalo árabe e, então, sorri. É que o tom da pelagem daquele animal me fez lembrar um certo alazão. Ainda que tivesse perdido a crina trançada de Rick Pernambuco, ele ainda vivia na minha lembrança.

Antes que eu me afastasse muito, montada no árabe Corisco, lancei um olhar ao fazendeiro e pude ver que ele me observava meio atônito, sem conseguir esconder a preocupação de que eu pudesse cair.

— É, Corisco, a vida é assim. Não me surpreendo se daqui a alguns anos meus netos fiquem com medo de que eu me afogue numa banheira. Afinal, só de olhar, quem poderia saber com que estou ou não acostumada – o animal, ainda que não entendesse, reagiu bem ao tom da minha voz e começou a trotar – agora, cá entre nós, quero ver do que você é capaz, me mostre – e, soltando totalmente as rédeas, dei um toque leve em suas costelas.

A reação foi imediata, e aquele bom cavalo disparou. Animada, galopei em campo aberto e, tirando o chapéu que usava, o joguei longe. É que eu queria sentir o vento e o sol diretamente no rosto. Estava livre novamente, não importava se meus cabelos parecessem desalinhados, estava farta daquela vida medida nos ponteiros do relógio, uma vida que sempre merecia aplausos e elogios, mas que a mim era tão pesada, dolorida e artificial.

Era quase noite quando regressei às cocheiras.

— Você encontrou o que estava procurando? – quis saber o homem que havia sugerido que eu montasse naquele animal.

Eu o olhei em silêncio. Nunca o tinha visto antes e nem trocado meia palavra com ele. Como era possível que ele soubesse a aflição que eu tão bem dissimulava para todos? Mas foi a frase seguinte que me deixou mais perplexa.

— Fique em paz, aonde você for, saiba que Deus estará com você – falou.

Fiquei confusa e assustada com a exatidão daquelas palavras e me afastei sem dizer nada.

Por aquela época, comecei a sentir uma intensa dor nas costas. Quando o incômodo se tornava intolerável, eu levantava da mesa de trabalho e ia estender o corpo no sofá do escritório. Logo estava tomando analgésicos cada vez mais fortes e, quando isso não resolveu, fui procurar ajuda médica.

A minha queixa foi tão convincente, que o médico chegou a suspeitar de algum problema sério na coluna e me bombardeou com uma série de perguntas. As respostas que dei e a vida saudável de exercícios que praticava desde a juventude eram incompatíveis com a dor que sentia. Além do mais, eu não tinha sofrido nenhuma espécie de acidente, nenhuma queda, nem ao menos um escorregão.

Fiz o exame de ressonância magnética, e tanto as imagens quanto o laudo apontavam na mesma direção: um corpo forte, sem nenhum problema na coluna.

Não havia mesmo justificativa para aquela dor exacerbada. Considerando que tinha ficado quase dois meses sem fazer atividade física, voltei a nadar. Mas a dor existia, era aguda e a natação não foi capaz de aliviar em nada o que sentia.

A sensação de ausência ficou mais forte, e, não querendo tempo livre para pensar sobre aquilo, passei a trabalhar muito mais.

Durante uma reunião, a presença de dois grupos rivais em entendimento e objetivos tornou o clima tenso. Eu era uma das cinco pessoas que, formadas em Direito, tentavam acalmar os ânimos exaltados e, conhecendo certas particularidades das leis que cuidavam dos assuntos discutidos, dei uma sugestão que poderia resolver o impasse. Em seguida, outros advogados também opinaram. Então, o líder de um dos grupos, se dirigindo a mim, pediu que explicasse com mais detalhes como iria aplicar de forma prática e dentro da lei, a sugestão que havia dado. As pessoas, em silêncio, aguardavam o que eu iria dizer, mas diante de todos aqueles olhares, perplexa e confusa, não tive reação e fiquei muda.

É que tinha esquecido completamente a sugestão que havia dado minutos antes. Um colega, de alguma forma percebendo a minha aflição e lembrando muito bem do que eu havia dito, iniciou o assunto. Respirei fundo, concentrei na calma que precisava ter e logo consegui retomar e desenvolver o raciocínio, porque me lembrava dele novamente.

Saí da reunião recebendo elogios daquelas pessoas, mas estava assustada. Um lapso de memória como aquele, em tal intensidade, nunca me havia acontecido.

Comecei a ter dores de estômago. Fui à farmácia, comprei antiácidos e todas as manhãs tomava uma dose. Por algum tempo realmente senti alívio, mas logo estava carregando o vidro na bolsa e, nos mais variados lugares, discretamente, tomava doses cada vez maiores. A esse procedimento, comecei a misturar analgésicos para as dores nas costas.

Certa vez, no aeroporto, aguardava o pouso de um avião que, vindo de São Paulo, seguiria para Brasília. Sempre detestei conexões aéreas porque, no Brasil, elas dificultam e muitas vezes até impossibilitam cumprir compromissos com hora marcada e naquele dia não foi diferente.

O voo estava atrasado, e com ansiedade crescente olhava ora para o meu próprio relógio, ora para o painel de controle do aeroporto. E quando a previsão da chegada marcou o tempo de aterrisagem para daí a três horas, calculei mentalmente que a esse tempo de espera, acrescido ao de voo, já não teria mais como chegar ao compromisso. Todo o planejamento que tinha feito para quatro dias inteiros caiu por terra.

Desolada, fui até uma das lanchonetes do aeroporto e quis tomar café. Mas, no exato instante em que dei o primeiro gole, senti uma dor no estômago tão forte, que um espasmo me fez dobrar o corpo, jogando no chão tanto a bebida quanto a xícara. Senti o suor frio molhar meu rosto.

Imediatamente as pessoas que estavam perto me ampararam, e, com essa ajuda, consegui sentar. Quando trouxeram água, bebi em pequenos goles e aos poucos fui sentindo que melhorava.

Quando finalmente embarquei, quase cinco horas depois, estava com os cabelos longos completamente desalinhados, a calça e o blazer claro manchados de escuro pelo café derramado e, ainda que com passos vacilantes e mãos tremendo, não pude deixar de notar os olhares irônicos das pessoas dentro do avião. Mesmo percebendo o ridículo da situação, me importava muito era com a causa daquela extrema e súbita dor.

Dois dias depois fui procurar um médico. Expus de forma detalhada o que sentia. Contei sobre as dores nas costas e no estômago e também contei sobre o incidente no aeroporto. Na manhã seguinte, por ter um pedido de urgência, não apenas já tinha feito o exame de endoscopia, como estava novamente na frente do médico. Depois de ler o laudo, ele falou calmamente:

— Seu esôfago e estômago estão perfeitamente saudáveis, você não tem sequer uma gastrite leve e o outro exame que trouxe, como o colega falou, mostra que você também não tem problema algum na coluna. Está tudo normal.

Eu não pude acreditar no que ouvia. Minhas dores, tanto no estômago como nas costas, eram reais, o que aconteceu dias antes no aeroporto foi real, mas os exames e dois médicos diziam que estava tudo bem e que eu tinha saúde. Com um profundo suspiro, levei a mãos aos olhos, estava desanimada e cansada. Percebendo, o médico disse:

— Paola, pode haver, sim, um problema muito sério por trás de tudo isso. Aconselho a procurar um colega psiquiatra, pois me parece que você está com sintomas de depressão clínica.

Diante daquelas palavras, todo meu cansaço desapareceu instantaneamente e numa fração de segundos me lembrei da vida que tive até então. Os anos de luta, de perseverança e esforço, as privações, o tempo tão bem dividido para cumprir as obrigações. Numa explosão de raiva, me levantando, quase gritei:

— Depressão?! Eu? Você não sabe o que fala – e com um olhar cheio de fúria, completei – Eu trabalho desde os dezesseis anos de idade!

Sem esperar nem dar tempo para que o médico dissesse mais alguma coisa, abri a porta e saí daquele consultório. Estava indignada. Caminhando a passos largos, peguei o celular e liguei para uma amiga que sabia tanto dos sintomas quanto da consulta. Quando me perguntou se estava bem, respondi com voz alterada:

— Estou bem, mas a consulta foi péssima. O médico é péssimo e teve o desplante de sugerir que tenho aquela doença de gente fresca, que chamam depressão, e tem mais: ainda me aconselhou procurar um médico de louco.

À noite, sem conseguir dormir, ainda pensava naquelas palavras do médico, que para mim foram como um tapa. Há alguns dias tinha lido numa revista a respeito de várias personalidades do cinema que, durante o período de descanso entre as filmagens, num ou noutro maravilhoso canto da Terra, se diziam com depressão. Uma das entrevistadas exibia sua melancolia tomando uma taça de champanhe, sentada bem em frente ao brilhante mar da costa italiana. Outra, sorrindo, mostrava as sacolas de compras feitas numa loja exclusiva de Miami. Decididamente eu não tinha aquela doença, que, concluí, nem era doença. Afinal, não tinha mente desocupada e nem tempo livre. Já vinha cumprindo com excelente desempenho meus contratos e estava comprometida pelo ano seguinte com outras atividades. Fosse aquilo o que fosse, não me impediria de seguir a vida e o trabalho.

2. Onde estou?

Há muitos anos tinha o hábito de acordar bem cedo aos sábados e ficar das oito até o meio-dia passeando por algumas livrarias. Geralmente saia desses lugares com dois livros. Amava então ler biografias e aprender novas técnicas de pintura em porcelana.

Agora, acompanhada pelo meu filho que, aprendendo as primeiras letras, já mostrava um gosto acentuado pelas histórias próprias da idade, eu me sentia duplamente feliz naqueles que eram verdadeiros passeios.

Acontece que, mesmo com tantos livros diante de mim, passei a ter dificuldade em escolher quais levaria. Após repetidas visitas sem levar nenhum e estando próximo o horário de ir embora, vendo que mais uma vez sairia sem comprar nada, meu filho, que já tinha escolhido os dele, me olhou meio perplexo.

— Mãe, você não gosta mais de livros? – perguntou.

Por instantes o observei, muda. Tentava encontrar alguma justificativa convincente para dizer a ele, mas não consegui. Daí a pouco, pretendendo esconder minha confusão, peguei um dos muitos livros que estava sobre a mesa e, sem nem ao menos olhar o título, falei:

— Pedro, você sabe que amo ler e até já tinha escolhido este aqui – sorri e ergui o livro para que ele visse.

Meu filho não se conteve e riu alto. Naquele momento não entendi o motivo da reação, mas no dia seguinte, quando fui visitar meus pais, ele correu para a avó e anunciou:

— Vovó, logo vamos comer peixe cru, é que minha mãe comprou ontem um livro cheio de receitas.

— Sério? Sua mãe, que sempre detestou peixe cru, agora gosta?

— Presente para uma amiga – me apressei em responder, corando envergonhada.

Tentando esconder o desinteresse e parecer bem diante do meu filho, eu, de fato, havia comprado um livro sobre um tema que jamais me interessou e continuava sem interessar.

A sensação de ausência que havia começado de forma tão sutil se tornou maior. Cada vez mais eu me tornava indiferente e insatisfeita com tudo que, ao longo dos anos, por inclinação natural, havia amado.

Um dia, meio desolada, abri a porta do quartinho que mantinha em casa. Lá ficavam as peças e todo o meu material de pintura. Os jarros de porcelana estavam cobertos de poeira. Há tantos anos, para combater a ansiedade que sentia com o peso do cargo na Procuradoria Federal, busquei uma forma de me acalmar e aprendi a pintar. Tinha prazer genuíno em combinar cores, elaborar desenhos misturando estilos egípcios, gregos e romanos. Fiquei imensamente feliz quando, sendo destra, consegui treinar também a coordenação na mão esquerda e traçar com precisão as linhas finas que formavam os desenhos. Agora, não sentindo sequer vontade de entrar naquele lugar, fechei a porta.

O incidente do lapso de memória que havia acontecido na reunião ainda me assombrava e, tendo outras pela frente, além do material que usualmente elaborava e distribuía para que os participantes acompanhassem, comecei a levar anotações detalhadas que fazia antes, sobre todas as prováveis perguntas e dúvidas que normalmente surgiam. Guardando discretamente aquelas folhas e fazendo as consultas devidas, não fui mais pega de surpresa.

No entanto, tinha consciência que estava fazendo uma representação e não sabia o que consumia mais as minhas forças, preparar o trabalho com os devidos auxílios para responder o que era preciso ou manter a postura e fingir que tudo estava bem.

Eu percebia claramente o vertiginoso declínio mental em que entrara. Também notei, com apreensão, o quanto tinha emagrecido. Minha imagem, como um todo, começava a se esfacelar e logo a forma como era vista pelos olhos dos outros também estava mudando radicalmente.

Eu ia a festas e reuniões, tentava reagir, mas não conseguia esconder o mal-estar que sentia. A própria postura, quando sentada, revelava impaciência e a dor tornava minha fisionomia fechada. Além do mais, eu também desenvolvera um elevado grau de intolerância a qualquer forma de som alto.

Naquelas ocasiões, os conhecidos se aproximavam sorrindo e brincando, mostrando alegria em me ver e esperando receber em retribuição o mesmo tratamento. Por mais que me esforçasse em sorrir e parecer alegre, não conseguia.

Algumas vezes, tentei contar sobre os estranhos sintomas que sentia. Mas pessoas em clima de festa, compreensivelmente, não estão dispostas a ouvir por muito tempo queixas quando têm, bem próximo, música tocando, risos e alegria. Com elegância, se mostravam interessadas pelo tempo que a boa educação mandava mostrar e depois se afastavam. Eu entendi a inconveniência daquelas queixas e nunca mais toquei no assunto. A partir de então, passei a estampar um sorriso mecânico e artificial.

Com o tempo, por mais que me esforçasse, não conseguia ficar e ia embora. A princípio, me despedia e muitas vezes pude notar os olhares surpresos, a irritação na voz dos anfitriões. Uma noite, em extremo mal-estar, ao me despedir, ouvi:

— Já vai? Claro, estou sabendo que festa nenhuma é boa o bastante para seu gosto.

Eu apenas balancei a cabeça, mas não consegui dizer nada. Fui embora daquele lugar sem dar explicação e, ainda por um período, aparecia em festas sempre com o mesmo sorriso calculado. Um dia, entendi que estava ofendendo sem querer e me forçando inutilmente. Assim, deixei de aceitar e logo parei de receber convites. Mas, então, eu já não me importava mais.

Se nem o trabalho incessante e as festas contínuas foram capazes de trazer a minha alegria de volta, esperava que os prazeres simples e comuns, aos quais sempre fui acostumada, fizessem isso.

Numa manhã bem cedo, vesti as confortáveis roupas que mais gostava e fui direto para a melhor livraria da cidade. Mas depois de andar e ler a sinopse de dezenas de livros e não sentir interesse em comprar nenhum deles, olhei no relógio e notei, com surpresa, que já estava há quatro horas naquele lugar. Decidida a não desanimar, voltei em casa e, colocando o maiô, fui para o clube. Iria aproveitar o resto do dia nadando e tomando sol.

Não entrei na piscina pela escada. Perto da beira, dei um impulso forte com as pernas e mergulhei até o fundo das águas. Enquanto estava lá embaixo, parei o corpo com o movimento dos braços e olhei para a superfície. Os raios de sol desciam como uma cortina de luz. Senti a paz daquele lugar, mas, no instante seguinte, a sensação de estar sob as águas, ainda que com boa reserva de oxigênio, me provocou um mal-estar tão intenso que, voltando à superfície, saí apressadamente da piscina e fui deitar na esteira, sob o sol. Meu corpo estava tão gelado que tremia. Com impaciência, me enxuguei na toalha, vesti as roupas sobre o maiô molhado e fui embora.

Chegando em casa, entrei direto no quarto. No pequeno caderno que há algum tempo usava para relatar aquelas estranhas sensações, escrevi:

Meu Deus, socorro! Onde está o mundo que amei? Foi ele que sumiu ou fui eu? (Diário pessoal, janeiro de 2012).

CAPÍTULO IV

O DESERTO

1. O mar não é mais azul

A vida inteira eu vivi sob paixão, sempre punha vontade e força no que fazia. Se ria, ria abertamente; se estava triste, às vezes chorava; quando tinha um sonho, buscava; quando queria vencer, eu me empenhava.

Aquela estranha sensação que surgiu, primeiro com o cansaço, depois com a perda da satisfação em fazer o que sempre gostara, me desconectou comigo mesma, depois com o mundo. Cortou meus sonhos, meu riso, minha vontade de vencer, minha alegria e até cortou minha capacidade de chorar.

E um dia, olhando minha imagem no espelho, estremeci. A pele, antes bronzeada pelo sol, agora estava pálida. O cabelo e os olhos baços, sem brilho. Tentando reagir, fui imediatamente a uma loja de cosméticos e comprei as melhores maquiagens. Em casa, sozinha, não retirei cuidadosamente os produtos das embalagens como sempre havia feito. Eu rasguei tudo e pintei o rosto da melhor forma que podia. Queria mudar aquele aspecto doentio, mas nem com toda técnica consegui criar a ilusão de uma pessoa saudável. Irritada, joguei água na face inteira e então molhei os cabelos na própria pia e, quando me senti exausta, fui até o quarto e desabei na cama.

O quarto passou a ser cada vez mais um lugar de refúgio.

Em um mundo de escolhas, atitude vale muito; queixas, não.

Eu já não suportava mais minhas próprias queixas. Se o mundo ao meu redor não me dava agora satisfação, iria em busca de um, ainda que perdido no tempo, com o qual, de alguma forma, pudesse me conectar.

Em janeiro de 2012, viajei sozinha para o Rio de Janeiro. Havia crescido naquela cidade e, mais que lembranças, buscava retornar no caminho que fizera e em alguma parte, me encontrando, acertar o rumo da vida novamente.

Na manhã seguinte ao dia em que cheguei, fui direto para a praia.

Sentada na areia e olhando a imensidão azul à frente, comecei a pensar sobre a minha vida. Forcei a memória até os primeiros anos.

Como era bem cedo, a praia estava deserta. A maior parte da cidade ainda não tinha acordado. O barulho dos poucos carros não incomodava e os constantes grunhidos das gaivotas que mergulhavam buscando a primeira refeição dava uma sensação de sossego e paz.

Ainda podia lembrar dos dias de brincadeira com minha família nas areias daquela praia. Lembrei dos amigos, dos amores, da juventude. Me lembrei do riso, da alegria, das descobertas, do encanto, dos momentos de felicidade simples que tinham significado tanto.

Também me lembrei do quanto o mar sempre me inspirou medo, fascínio, respeito e, acima de tudo, prazer. Mergulhar, nadar e depois deixar o corpo secar ao sol na leve brisa. Eu nunca me cansava daquela sensação.

Embora gostasse muito de me exercitar e tivesse prazer nele, não era propriamente o mar, como elemento da natureza, que eu buscava, eram as emoções ligadas a ele que procurava encontrar.

As lembranças, boas ou más, reavivam sentimentos, mas ali, naquele momento, mesmo recordando a época mais tranquila da minha vida, não consegui sentir absolutamente nada. De tudo aquilo, eu era como espectadora em uma história que não me interessou e nem fui capaz de identificar como minha.

Entendi claramente que a pessoa que um dia eu fui estava, de alguma forma, perdida. Então, abaixei a cabeça e chorei.

Quando o sol se tornou mais forte, as pessoas começaram a chegar à praia. O barulho dos carros aumentou e minha cabeça doeu. Assim, me levantei e comecei a andar em direção à calçada, mas antes de atravessar a avenida Atlântica e tomar o rumo de casa, parei para contemplar o mar mais uma vez.

Naquela noite, enquanto tomava um suco, reparei no caderno que tinha deixado em cima da mesa. Me sentei e escrevi: *O mar perdeu o azul. Meu Deus, onde eu fui parar?* (Diário pessoal).

Ao voltar para casa, separei umas poucas roupas e doei o restante. Fiz o mesmo com os sapatos. Agora já não me identificava também com nada daquilo.

O ano de 2012 nem bem tinha começado, e eu precisava encarar a realidade. Não seria mais capaz de renovar os contratos que me garantiam o sustento.

A esse tempo, entendi que não adiantava tentar mascarar minha própria incapacidade anotando em folhas o que precisava dizer em reuniões. Finalmente compreendi que esse mero esforço seria impossível e o preço da aflição por não conseguir, enorme.

Além do mais, os dias se tornaram longos. Eu observava as horas passando lentamente e, ainda que não fizesse esforço físico, me sentia exausta.

As inexplicáveis – e intensas – dores físicas continuaram. Agora, a esse desconforto se juntou um pensamento alarmante. Como os exames que tinha feito, bem como as consultas com dois médicos especialistas, mostravam que não havia lesões no meu corpo que justificassem tamanha dor, comecei a acreditar que estava ficando louca. Diante dos sentimentos de vergonha e ansiedade, passei a me isolar cada vez mais no quarto.

Foi também por aquela época que meu casamento de dezenove anos terminou.

Depois de quatro noites insones, fui procurar um médico. Com diagnóstico de estresse, saí do consultório direto para a farmácia onde comprei remédios para dormir.

Passados alguns dias, para minha surpresa e desânimo, percebi que aquele sono induzido, atordoante, não era capaz de pôr fim ao cansaço que sentia. Ao contrário, acordava com náuseas e só conseguia me alimentar no final da tarde. Eu estava apática.

Aquela situação já durava tempo demais e eu precisava de respostas. Então, fui atrás do único médico que tinha certeza me entenderia e ajudaria.

Quando meu pai sentou na cadeira em frente à que eu estava, passou as mãos nos cabelos e abaixou a cabeça. Então, suspirou fundo e sem me olhar, falou:

— Eu ia mesmo ligar para que você viesse.

E enquanto disse essas palavras, tirou da gaveta uma série de papéis que à primeira vista eu não soube entender o que eram, até que completou:

— Estes aqui são alguns exames, na verdade mais de um, porque eu quis confirmação, mas agora é preciso encarar os fatos. O nome científico é neoplasia e, no meu caso, é maligna, ou seja, estou com câncer.

Ainda que firmemente sentada na cadeira, ao ouvir aquelas palavras me senti desequilibrar. Observei meu pai com atenção e só então pude notar o quanto estava pálido. Havia bolsas escuras sob seus olhos, tinha a fisionomia cansada e suas mãos tremiam levemente. Mesmo assim, diante daquela situação, manteve uma frieza que me pareceu chocante e, olhando os exames, relatava suas desconfianças. Esclarecia que, por sentir dor nas pernas e dificuldade em urinar, provavelmente a doença já tinha se espalhado para outros órgãos.

Jogando displicentemente os papéis dos exames em cima da mesa, me olhou nos olhos e perguntou:

— E agora, doutora Paola, isso é ou não uma sentença de morte? Como advogada, a quem você poderia recorrer para mudar essa situação? Ao Deus que você acredita?

— Pai, isso não é momento de zombar – tentei falar.

— Mas não estou zombando, isso é fato. Vou morrer e, como a morte é o fim, não existindo nada além do fim, em breve existirei apenas como uma lembrança – e sorriu, completando – só não darei prova de incompetência porque, como médico, passei a vida tirando a dor dos outros, logo, sei como morrer sem sentir dor.

Diante daquela conversa, que ainda se estendeu por muitas horas, eu apenas ouvi. Mas enquanto estive lá – e depois, ao dirigir para casa sozinha – percebi que o sentimento de tristeza que sentia diante da situação dele era totalmente diferente daquele outro que havia me tirado a alegria e o prazer na vida que sempre tive. O primeiro, eu conseguia identificar pela causa; mas o outro, não.

Por todo o ano seguinte visitei meu pai. Jamais comentei sobre as minhas próprias aflições, não seria justo. Muitas vezes, me sentindo extremamente mal, ia à casa dele, olhava a porta do quarto, mas não conseguia entrar. Caminhava pelos jardins, pela sala, ia à varanda, molhava o rosto e, após muito esforço, só então subia.

Conversávamos muito sobre tudo, mas muitas vezes compreendia que ele tinha uma necessidade enorme de falar, então apenas ouvia atentamente tudo o que dizia, sem interferir. Outras vezes, ele preferia ficar em silêncio e, me sentando próxima, mas sem dizer nada, fingia ler notícias numa revista qualquer. Ainda assim, discretamente o observava e percebia que tinha o olhar vago, perdido.

97

Minha mãe, abatida e exausta, não o deixava. Via desolada e impotente o homem, companheiro de uma vida inteira, morrendo diante de seus olhos. Nos momentos em que podíamos conversar, percebendo o meu próprio abatimento, imaginava ser aquela palidez alguma tristeza pelo meu pai. E também a ela, diante da situação que vivia, eu também não falava nada sobre mim.

Em momento algum, durante aquele período da doença, meu pai deixou de ser o homem inteligente e culto que sempre fora e nem mesmo a cada vez mais próxima perspectiva da morte o fez perder o bom humor.

E certo dia, me olhou em silencio por um longo tempo e depois falou:

— Eu admiro muito a sua determinação. Sei que tinha consciência quando fez a sua escolha, que aquele não seria o caminho mais fácil, mas ainda assim você foi. Foi fiel aos seus sonhos, foi fiel aos seus dons e foi fiel a si mesma – e estendendo o braço, segurou a minha mão – Você não me desapontou, ao contrário, tenho orgulho de você, minha filha.

Ele se referia à minha escolha em ser advogada e não médica. Por muitos anos guardei uma imensa tristeza e culpa, porque pouco tempo depois que disse ao meu pai sobre aquela escolha, ele se desfez das quotas dos hospitais, vendendo-as a vários de seus colegas.

Fiquei em paz com aquelas palavras, mas não deixei de ironizar a minha situação. Um dia escolhi ser fiel a mim mesma e agora, ainda que buscando desesperadamente, não encontrava a pessoa que eu fui.

Meu pai sabia que seu tempo estava acabando. Quando não estava lá, eu ligava e pedia notícias. Assim, fiquei sabendo que as horas de silêncio se tornavam cada vez mais longas e compreendi que naquela introspecção ele buscava forças, mas invariavelmente se mostrava alegre quando me via e, então, conversar era como uma necessidade.

Ele falava sobre o tempo da sua juventude e contava como o pai, meu avô, percorria a região de Diamantina e do Serro montado numa mula para atender às pessoas que não tinham condições de ir até seu consultório na cidade. Contava das vezes em que foi a Chapada do Couto, onde um dia seu próprio avô, o jovem Cosme, determinado, achou os diamantes. Mas era quando descrevia a história dos seus primeiros tempos como médico que seus olhos se iluminavam.

Os dois anos que passou trabalhando no Rio Grande do Sul marcaram tanto a vida do meu pai, que de certa forma nunca saiu de lá. Nas férias, íamos todos juntos e ele fazia questão de visitar tanto os amigos que tinha deixado quanto os lugares que tinha vivido.

— Você se lembra de quando escrevi seu nome na pedra principal da igreja de São Miguel das Missões? – quis saber ele.

Eu me lembrava. Naquele dia caminhamos pelas ruínas e, tirando o canivete que sempre levava, meu pai talhou meu primeiro nome na rocha.

2. O vale das sombras: 2014

Quando me desfiz da mobília que tinha comprado ao longo dos anos, a amiga que ajudava na organização da mudança não se conteve.

— Ah! Que absurdo! – disse num misto de tristeza e raiva – esse homem que comprou seus móveis pagou um preço miserável por tudo tão lindo.

Naquele janeiro de 2014, um dia de chuva forte, eu tinha fechado a porta de entrada do apartamento e, quando me sentei no sofá, extremamente cansada pelo esforço físico que tinha feito durante horas, avaliei as palavras que acabara de ouvir.

Uma semana antes tinha encontrado o lugar adequado para viver. O minúsculo apartamento ficava apenas a uma quadra de distância da escola do meu filho e o valor do aluguel era quase cinco vezes menor do que o outro que eu pagava pela antiga casa onde morava.

Em tais circunstâncias, precisei desfazer da quase totalidade dos objetos que tinha e, mesmo sabendo que o mobiliário valia pelo menos três vezes mais do que havia recebido por ele, não me importei. De qualquer forma, não teria onde guardar tudo aquilo. Assim levei apenas o necessário.

O pequeno e antigo prédio era cercado por outras construções mais novas e altas. Em tempo algum o sol penetrava naquelas paredes e, sabendo que o apartamento era frio, transformei o lugar mais quente, a sala, no quarto do meu filho e lá coloquei a única televisão que levei. Do outro cômodo, fiz o meu próprio quarto, onde havia a cama e um criado mudo.

Em 18 de junho de 2014, meu pai se sentiu mal e precisou de socorro médico, mas, antes mesmo de entrar na ambulância, pediu que me avisassem.

Naquele dia, eu estava em casa, apática. Sentada no sofá, ouvia o barulho dos fogos comemorando um jogo da Copa do Mundo de Futebol que acontecia na cidade e quando, ao atender o telefone, fiquei sabendo, disparei atrás dele.

Enquanto caminhava pelos corredores do hospital, por instantes voltei no tempo. Aquele lugar, ainda que transformado, era familiar. Dentre todos os hospitais da cidade, sem ter mais ligação alguma e mesmo sem ter sido identificado como médico, meu pai foi encaminhado pela central do plano de saúde para o principal hospital dos três que havia fundado. O agir de Deus foi impressionante.

Ali, em outras circunstâncias, tantas vezes o vi lutando para salvar vidas e também foi naquele lugar que eu mesma tivera as primeiras lições sobre a fragilidade humana.

Antes que pudesse ter a entrada no CTI liberada, o médico veio falar comigo. Passados os primeiros momentos, ele já sabia que se tratava de um colega e explicou que não era o câncer que o estava matando e, sim, uma infecção.

Quando entrei, vi que meu pai estava deitado numa das camas do box 16. Com o braço esquerdo estendido, observava atento enquanto duas enfermeiras tentavam colher sangue para exames. Mas quando voltou a cabeça na minha direção, percebi a alegria nos olhos dele.

Eu me aproximei e segurei em sua mão. Com uma força surpreendente, ele puxou meu braço e me fez inclinar em sua direção. Compreendi de imediato que queria falar.

— Minha filha, depois de tantos anos, eu fiz as pazes com Deus – disse com voz calma – e agora quero que me responda: você, que tem fé, acredita que Deus perdoa ofensas feitas a Ele por ignorância?

Eu compreendi a profundidade daquela pergunta. Ainda que arfando por consequência da septicemia, meu pai mantinha a consciência intacta e aguardava a sua resposta. Uma resposta que eu não tinha capacidade para lhe dar. Consciente da minha limitação e com uma força que não me acreditava capaz, orei pedindo ao Espírito Santo de Deus que me desse a sabedoria que precisava e o que falei a seguir surpreendeu a mim mesma.

— O senhor me perdoou pelas ofensas que te fiz, ainda que sem querer ou saber?

— Sim!

— Então não duvide um instante que Deus, que é Pai, por compreender infinitamente mais, sabe perdoar – disse com voz firme e então, completei:

— Deus sonda os nossos corações e sabe de nós muito mais do que nós mesmos.

Meu pai ficou em silêncio, pensativo, e então vi que seu rosto se iluminou. A fisionomia, antes marcada pela aflição, tornou-se serena e lágrimas desciam pelos seus olhos enquanto sorria.

— Minha filha – disse emocionado –, lembra que quando era criança eu dizia que só a cura do corpo não basta? É que existem muitas formas de cura e você é médica, embora nunca tenha se apercebido disso.

Eu o olhei, incapaz de comentar as palavras que tinha acabado de ouvir.

Era tarde da noite quando o médico me avisou que precisava sair. Eu queria ficar, mas, por ser o CTI, não podia e naquele momento senti a pressão da mão do meu pai sobre a minha. Plenamente consciente e entendendo o que o outro havia falado, ele não queria se despedir e nem eu.

Com a promessa de que no dia seguinte poderia ficar a noite inteira, assenti ao que o médico pediu e sai. Mas, perto da porta, parei e olhei mais uma vez para o meu pai e vi que ele também me olhava.

Na madrugada do dia 18, ele teve a primeira parada cardíaca e ficou sem oxigenação por quase oito minutos. Eu sabia o que aquilo significava. Se sobrevivesse, não conseguiria mais falar ou raciocinar. Uma lesão cerebral por ausência de oxigênio é irreversível.

Tão logo amanheceu, já sabendo, fui ao hospital. Exatamente como o médico havia explicado, meu pai voltou à vida, mas foi então incapaz de falar. Com os olhos fixos e sem movimento, ele pareceu distante. Permaneci sentada ao lado da cama e orei por todas aquelas horas até que, à noite, o médico pediu que eu saísse.

No dia 19 de junho de 2014, uma segunda parada cardíaca pôs fim à vida daquele que, tão jovem, descobriu seu talento em salvar vidas e isso aconteceu justamente no hospital em que ele, de fato, salvou muitas.

Nos dias que sucederam aquela morte, eu caminhei a pé pela cidade. Não ia a nenhum lugar específico, apenas caminhava, mas depois de uma semana, não ingerindo nada além de chá, desabei na cama. Exausta, não tinha mais forças.

Pelo longo período da doença do meu pai, presenciando sua decadência física, acreditei estar preparada para enfrentar a perda, mas não estava. Não há como forçar a quebra dos sentimentos e pôr um fim no amor.

3. O espírito do leão

Em princípios de julho, quando uma amiga, também advogada, me convidou para trabalhar no escritório dela, garantiu que eu não faria audiências e nem reuniões. Ficaria com a parte sobre a qual durante anos mais acumulei conhecimento, o processo.

Eu gostava tanto dessa área, que já havia trabalhado antes auxiliando outros colegas e, então, estava tranquila, segura.

Assim, fui confiante ao escritório para o que seria meu primeiro dia de exercício numa atividade que não apresentava surpresa alguma.

Sobre a mesa de trabalho, abri o Código Civil, a Constituição Federal e outras duas leis que, pela matéria, sabia serem necessárias consultar. Só então comecei a folhear o processo mas, para meu horror, não consegui entender nada do que estava ali. Impaciente, me mexi na cadeira, aprumei o corpo. Li o pedido do cliente relatado na petição inicial e o restante dos fatos que tinham acontecido posteriormente. No entanto, não fui capaz de compreender a forma de dar uma sequência naquilo segundo a lei.

Tudo o que eu sabia, por ler e praticar durante tantos anos, havia desaparecido por completo da minha memória. Era como se eu nunca tivesse visto nada daquilo. Afastando a cadeira, comecei a suar frio. Estava perplexa.

— Paola, o que está acontecendo? – perguntou a advogada na mesa ao lado.

— Eu não sei. Realmente não sei – respondi com voz fraca.

Naquele dia, quando sai do escritório, compreendi que jamais poderia ser uma advogada novamente e, com tristeza, aceitei esse fato.

Chegando em casa, peguei o Código de Processo Civil que tinha levado comigo e o restante dos meus livros de Direito e joguei todos eles numa caixa para que não os visse mais.

Eu estava cansada daquelas dores inexplicáveis que sentia no corpo e daquela estranha e igualmente inexplicável espécie de angústia. Estava cansada de não compreender nada daquilo que se passava comigo e estava com raiva de mim mesma por não conseguir entender e nem sair daquela situação.

E meu pensamento foi longe. Sentada no sofá, sozinha, me lembrei do momento quando, há tantos anos, tinha ganho um livro da minha tia Rafaela Aída.

— Paolinha, advinha o que eu tenho aqui? – Aída Lucciola ria escondendo alguma coisa nas mãos que mantinha atrás das costas – É sobre o animal que você quer ver e que mais admira. Qual é esse animal?

— Leão! – me lembro de ter respondido sem vacilar.

— E você sabe o que eles têm? Leões têm um espírito de luta – havia dito minha tia.

Nunca me esqueci da cena e das palavras. Eu era muito jovem então, mas claramente compreendi a mensagem. Sabia que nem mesmo leões nascem reis. O nascimento por si não dá real distinção a ninguém. A faixa vitoriosa só é conquistada por guerreiros.

Sorrindo por ter lembrado de um fato acontecido há tantos anos e ainda acreditando que conseguia lutar, liguei o computador e comecei a procurar um trabalho. Se eu não era mais capaz de ser advogada, continuava sendo capaz de exercer outra atividade. Além do mais, trabalhar era necessário não apenas diante da minha péssima situação financeira, como também seria fundamental para que ganhasse novamente a autoconfiança.

E foi assim que comecei a me candidatar a vagas em supermercados, farmácias e lojas de aviamentos. Mas, sem poder omitir e nem mentir a respeito da minha formação, via primeiro o espanto e a desconfiança no rosto das pessoas quando descobriam que uma advogada pretendia vaga fora dessa profissão. E depois, em duas ocasiões, ouvi palavras duras de que, se eu não tive sucesso no que estudei, não teria em mais nada. De outra vez, ouvi:

— Você não tem o direito de tirar vaga de quem precisa trabalhar.

Eu tentava explicar que passava uma fase difícil, de mudanças. Tentava mostrar que também precisava desesperadamente de um trabalho para sobreviver. Não adiantou e, diariamente, recebia negativas.

O mundo é duro na maioria das vezes que tiver oportunidade de ser e muitas pessoas falam além do necessário. Nessa fase, conheci gente que mostrou um estranho prazer na clara aflição que eu sentia e, ainda que percebendo a postura agressiva, não reagi a elas por ter a consciência de que precisava guardar as poucas forças que tinha.

A situação financeira se agravou a um ponto desesperador.

Há muitos meses eu passava o dia com uma única fatia de pão de forma. Não tinha apetite, mas tentava ter e colocava tomate sobre o pão para melhorar o gosto. O restante do dia, passava apenas tomando chá.

O que antes foi um corpo com musculatura rija e definida por anos de exercício sob a água, se tornou esquálido e, diante da pouca alimentação, comecei a sentir uma imensa fraqueza. Bastavam alguns poucos passos e minha vista escurecia completamente, eu ficava tonta e sem equilíbrio.

Deitada, avaliei minha situação. A dor não passava e eu não tinha mais forças para reagir. Foi a primeira vez que pensei em terminar com aquele sofrimento. Eu não estava em desespero, ao contrário, raciocinava com frieza. A questão já não era ter caído tanto. Sabia da história de muitas pessoas que passaram períodos de intensos sofrimentos e nunca desistiram. Meu próprio avô Lorenzo foi um homem que enfrentou situações extremamente difíceis. O bisavô Cosme também esteve em luta desde que nasceu. Eu tinha exemplos dentro de casa e também tinha guiado a minha própria vida vencendo obstáculo após obstáculo, na certeza de que somente por esforço próprio, por conquista, conseguiria ter o que desejasse. A diferença era que agora só havia luta e dor, mas nenhum prêmio à frente. Não havia perspectiva de o mundo ser mais, como um dia o conheci e não havia mais força para criar um novo.

Eu já estava derrotada.

Por aquela época, me visitava uma pessoa diferente e com um enorme coração.

Vera havia trabalhado para mim há algum tempo e, mesmo eu não tendo falado nada, de alguma forma, percebeu a minha dor. Ela queria ajudar, mas não sabia como. Ficávamos muitas horas falando sobre o que tínhamos vivido e um dia, com tristeza, me pediu perdão, mas disse que não suportava mais me ver acabando diante de seus olhos e iria deixar o trabalho.

Isso foi no tempo em que eu lutava para conseguir um emprego, sem sucesso. De toda forma, não teria como pagar a ela o salário justo e, sabendo que precisava manter a si mesma e a família, compreendi.

Nós nos despedimos, mas a amizade de forma alguma terminou. Aquela pessoa excepcional, verdadeiramente grande, voltou muitas vezes e voltou porque genuinamente se importava, já que, antes de poder dar alguma coisa, eu precisava.

O pequeno prédio se tornou ainda mais frio com as chuvas precipitadas daquele ano e as águas provocaram duas sérias infiltrações nas paredes do meu quarto. Não pude fazer nada além de afastar a cama e colocar panos no chão para conter a água que descia mas, sob aquelas circunstâncias, o lugar se tornou gelado e, diante do barulho contínuo dos alarmes dos apartamentos vizinhos, nem mesmo os remédios conseguiam mais me dar algumas horas de sono.

Eu estava exausta.

Em 12 de agosto de 2014, por estar excepcionalmente cansada e fraca, sentindo o coração descompassado, esperei deitada na sala, único lugar menos frio naquele apartamento, o horário para buscar meu filho e às dezessete horas em ponto estava na porta da escola. Caminhamos de volta, juntos, lentamente. Por vezes eu sentia que perdia o equilíbrio e me apoiava nos muros, mas não deixava que ele percebesse.

Contei da surpresa que teria no jantar. A Vera tinha ido nos visitar, havia levado o pão doce e feito o macarrão exatamente como ele gostava. Meu filho riu feliz e me beijou.

Quando chegamos, passadas poucas horas, ele sentou-se e avisou que tinha fome. Fui até o fogão e esquentei a comida, enquanto ele me observava com os olhos brilhando de satisfação.

Arranjei o macarrão sobre o prato de forma que tivesse uma boa apresentação e caminhei para a mesa mas, nem bem tinha dado três passos, minha visão escureceu. Tremendo, perdi o equilíbrio e o prato com toda a comida caiu, se espalhando no chão.

Minha primeira reação foi olhar para o meu filho, e então vi a tristeza e o desapontamento em seus olhos.

Eu me deixei cair sobre a cadeira, colocando as mãos na cabeça. Não conseguia falar tudo o que queria. Disse apenas uma única palavra: perdão.

O que ouvi me deixou perplexa. Sentado à minha frente, com voz calma, ele falou que eu não deveria me culpar pela dor, já que, agindo assim, sofreria mais.

Pela primeira vez percebi que ele entendia o que se passava. Eu não falava, não me queixava e por todo o tempo pensei ter fingido bem o bastante a ponto de enganá-lo sobre a situação que vivia. Mas ele não apenas percebeu, como ainda entendeu que, mesmo eu tendo lutado, havia perdido e estava esmagada pela culpa e pela vergonha.

Então, cansei.

Leões morrem quando desistem de lutar e eu finalmente desisti. Se um dia tive o espírito de leoa, ele foi embora.

4. O abismo: 17 de agosto de 2014

Naquele último dia – como nos dois anteriores – fiquei completamente sozinha.

Eu ainda tentava compreender o motivo da dor que havia transformado a minha vida em morte.

Quando o prato da comida que tinha naquela noite para dar ao meu filho caiu, entendi que não estava mais numa luta nobre, ao contrário, estava mantendo uma obstinada teimosia em não reconhecer que, de fato, não teria mais chances. Estava acabada.

Ali foi o fim de toda esperança.

Então, me concentrei em juntar força para, aceitando como agora aceitava que não tive como vencer aquela dor, precisava pôr, eu mesma, um fim a ela. Não foi o medo do inevitável sofrimento físico que me deixava abatida diante do que teria que fazer, era o imenso amor à vida.

Foi extremamente amargo reconhecer que não conseguia mais acreditar num futuro sem dor.

Dói despedir da vida quando se lembra como um dia foi, mas dói muito mais reconhecer que todas as tentativas de melhorar falharam e que o sofrimento se tornou maior que a própria vida. Ainda assim eu não aceitava ser troca justa dar essa vida pela dor.

Fui até o escritório e olhei a medicação e a arma em cima da mesa. Ali já estavam os dois instrumentos que iriam terminar em definitivo com meu sofrimento mas, por ter consciência que também terminariam com os sonhos que um dia eu tive, fiquei angustiada.

Continuei em oração e, nessa conversa com Deus, esgotada pela luta e aceitando que fui ao limite que me era possível, senti uma profunda paz.

Quando a noite chegou, levei para o meu quarto a medicação e abri as duas caixas, espalhando todos os comprimidos em um pequeno prato. Coloquei a espingarda próxima à cabeceira da cama e fui para a janela.

Eram quase 22 horas naquele final de noite de domingo. A rua estava calma. Fechando as cortinas, caminhei até a varanda interna do apartamento. O pequeno prédio, cercado por outros maiores, não permitia vista alguma do horizonte. Então, levantei os olhos e vi um céu limpo com estrelas e a lua clara, brilhando. Respirei profundamente, sentindo o ar fresco e o vento. Antes de fechar a porta atrás de mim, com uma imensa tristeza, olhei a lua mais uma vez e entrei no quarto.

A ingestão rápida dos comprimidos não provocou dor alguma, mas tão logo fiz o disparo senti uma dor tão forte que, por momentos, cortou minha respiração. Com o impacto do tiro, caí de costas, sem conseguir me mexer. Sabia que meu corpo já estava morrendo e, invocando o nome de Deus, entrei em oração.

Acredito ser impossível para qualquer um usar máscaras diante de Deus e somente Ele sabia o peso do sofrimento que carreguei e não consegui mais suportar. Enquanto agonizava, senti fortemente a Sua presença.

Então, pedi a Deus: termina com a minha morte, porque essa vida se tornou morte.

Novamente perguntei a Deus como aquela estranha dor, que nunca soube entender, foi capaz de me separar de mim mesma.

Instantaneamente, sem que eu pudesse controlar, a lembrança da minha vida passou como um filme. Recordei nitidamente, em detalhes, de fatos distantes e até de pessoas que eu nunca soube o nome. E, mais que lembrar, me reconheci e me identifiquei nessas lembranças.

Nos últimos momentos da vida, a graça de Deus permitiu que eu me conectasse novamente com a pessoa que um dia eu fui.

Aquela dor que senti por anos e terminei por não suportar havia desaparecido.

No momento exato que tive essa consciência, senti que meu coração, antes disparado, diminuiu bruscamente o ritmo e entrou em descompasso. Respirar se tornou mais difícil e eu entendi que morreria daí a instantes.

Com esforço, consegui virar a cabeça em direção ao criado mudo e vi que o relógio marcava 1h22. Começava um novo dia, mas, sentindo o suor gelado por todo o corpo, compreendi que estava acabada e falei: *Deus, eu te peço que me perdoe e que receba o meu espírito.*

Então, a noite virou dia.

CAPÍTULO V

O SOPRO DE DEUS

1. O sopro de Deus

Quando na terça-feira, 19 de agosto, Vera sentiu uma necessidade inexplicável de voltar ao antigo apartamento em que trabalhava, não resistiu e foi.

Abrindo a porta, percebeu o lugar em silêncio. Caminhando até o quarto, viu um corpo imóvel em cima da cama. A cabeça pendia levemente para o lado e os olhos estavam fechados. A pessoa ali deitada, não fosse pela palidez, parecia dormir, mas, quando ela olhou mais atentamente, viu sangue no lençol e um ferimento aberto no abdome. Quando se aproximou e tocou naquele corpo, sentiu que já estava gelado.

Disparando em direção à rua, gritou por socorro e em seguida ligou para a irmã, dizendo:

— A Paola morreu!

O socorro médico foi chamado.

A cirurgia iniciada na tarde de 19 de agosto precisou ser interrompida. Segundo a chefe da neurologia, não deveria sequer ter começado.

É que, sendo aquele um pronto-socorro, com equipe limitada como todo hospital, não fica a cargo do cirurgião decidir por operar sem que antes os médicos neurologistas apontem o benefício da intervenção, e a paciente que deu entrada já podia ser declarada morta.

É bem verdade que a medicação aplicada conseguiu fazer subir a pressão, mas todas as outras condições do corpo mostravam que o cérebro havia ficado tempo demais sem oxigenação. Ainda que acontecesse a mais improvável das situações e aquela pessoa sobrevivesse à cirurgia, ela jamais voltaria a falar. Uma lesão no cérebro por ausência prolongada de oxigênio é irreversível.

Como que confirmando as palavras da neurologista, durante a cirurgia os medicamentos não tiveram o efeito esperado, e a pressão despencou. O cirurgião deu por encerrado o procedimento e concluiu que fora mesmo um erro tentar salvar quem não tinha mais salvação. Como médico, sabia muito bem os limites humanos.

O corpo foi então coberto e, sendo aquela pessoa doadora por vontade expressa, deixada em carta, os equipamentos de respiração artificial foram ligados. Era preciso manter o coração batendo enquanto os prováveis receptores de órgãos eram localizados. Haveria tempo, já que nenhuma retirada de órgãos é feita antes de 24 horas de morte. Portanto, na manhã de quinta-feira, dia 21 de agosto, o processo para os transplantes poderia ter início.

Na madrugada de 21 de agosto de 2014, sentada diante do leito onde estava a paciente coberta, a experiente enfermeira que trabalhava há quase vinte anos naquele hospital estranhou o aumento súbito e contínuo da linha que aparecia no monitor à sua frente.

Abaixando a cabeça, conferiu a pasta em suas mãos. Nela havia a observação de que a mulher estava sendo mantida viva, sem sedação, para doação de órgãos. Sabendo muito bem o que isso significava, levantou-se e, aproximando o rosto do visor, constatou que o leitor indicava que aquele coração continuava a aumentar os batimentos.

Atônita, não pôde deixar de dizer:

— Doutor, venha ver isso!

Momentos depois, o cardiologista, com as mãos na cintura, também observava e, tomando a pasta das mãos da enfermeira, após ler o relatório sobre a paciente, não vacilou em dizer:

— Erro da máquina. Desconecte os eletrodos e conecte novamente – determinou sem sair do lugar.

Mas depois do procedimento ter sido feito e diante dos batimentos cardíacos, em ritmo agora estável, o médico apertou os lábios e anotou ele mesmo a hora que aqueles fatos aconteceram: 1h07 do dia 21 de agosto de 2014.

Poucas horas depois, o primeiro cirurgião que havia atendido aquela paciente e insistido na operação que precisou ser interrompida foi chamado pelo cardiologista e informado do que havia acontecido.

Diante do leito da mulher e tendo a colega neurologista ao lado, avisou:

— Se os batimentos se mantiverem regulares por mais vinte e quatro horas, vou terminar a cirurgia que comecei, mas, de qualquer forma, a doação dos órgãos está afastada.

A neurologista assentiu com a cabeça.

Na sexta-feira, dia 22 de agosto, a segunda cirurgia começou.

A medicação que havia sido ingerida em 17 de agosto ainda estava tão presente no sangue da paciente quando chegou ao hospital, que as altíssimas doses de remédios com efeito oposto não foram capazes de fazer o coração e a pressão voltarem ao normal até aquela madrugada do dia 21, mas, passado aquele momento, em relação a esse ponto não havia mais risco ou lesão.

Quadro muito diferente ficou claro quando, após mais de cinco horas, a cirurgia terminou.

A bala havia entrado no corpo inclinado e, enquanto subia em direção ao pescoço, cortou intestinos e estômago e teria atingido o coração se repentinamente não tivesse mudado sua trajetória. Quando se chocou com a parte inferior do osso do externo, tomou direção descendente, lacerando novamente o estômago e o intestino e, depois de fragmentar o osso pélvico direito e encontrando resistência, aprofundou mais ainda e, só após atingir três vértebras da coluna, finalmente parou próxima à sua base.

Diante do que viu, o cirurgião costurou todos os órgãos dilacerados e precisou seccionar partes dos intestinos que, pelas lesões, não seriam mais capazes de receber e fazer circular o sangue. Mas, diante das lesões nos feixes de nervos da coluna, desistiu de retirar o projétil.

Ao final daquela cirurgia, o médico se sentiu mais desanimado do que quando da primeira. Ainda que a paciente conseguisse sobreviver às prováveis infecções e, mesmo que contra toda probabilidade, diante da lesão causada pela falta de oxigênio no cérebro, conseguisse voltar a raciocinar e falar, pelas lesões nas vértebras da coluna, jamais poderia caminhar novamente.

Então, a mulher foi levada ao CTI. Nada mais poderia ser feito.

2. O impossível

A primeira coisa que senti quando recobrei a consciência naquele domingo, dia 24 de agosto de 2014, foi a dor. Depois, uma incômoda pressão sobre o braço direito. Eu ouvia vozes de muitas pessoas, mas não reconhecia nenhuma.

Quando abri os olhos, não fui capaz de saber se era dia ou noite.

Inclinando a cabeça, vi uma mulher sentada numa cadeira ao lado da cama. Ela me olhou por instantes e se afastou sem dizer uma palavra.

Olhei para o meu próprio corpo. Eu vestia uma roupa azul clara e estava coberta da cintura para baixo por lençol. Tinha uma máscara de oxigênio sobre o rosto e, no pulso direito, pude ver um cateter grosso penetrando na pele, fixo ali sob os esparadrapos.

Então, olhei ao redor.

Em paralelo à cama em que estava, tanto do meu lado direito quanto do esquerdo, estavam as camas onde dois homens jaziam inconscientes. À frente e espalhadas em todas as direções, outras pessoas, à exceção de um homem jovem, também permaneciam na mesma situação.

Observei os aparelhos conectados aos pacientes e notei que todos, invariavelmente, estavam ligados aos mesmos monitores que indicavam os batimentos cardíacos, oxigênio e pressão. Eu não conseguia enxergar aonde iam os fios que, ligados ao meu corpo, desapareciam em algum lugar acima da minha cabeça. Mas, por observar o padrão nos outros, entendi que o mesmo procedimento estava sendo feito comigo.

Enquanto eu tentava identificar que horas marcavam os ponteiros do relógio distante na parede, vi a mesma enfermeira que algum tempo antes estivera sentada ao lado da minha cama, se aproximando com um homem e uma jovem mulher.

O médico explicava à jovem, também médica, e em linguagem técnica, o que havia acontecido comigo. Embora entendesse muito pouco, percebi que relatava os procedimentos que foram feitos e a medicação que estava sendo aplicada. Vez por outra, apontava para os monitores e lia o que estava escrito numas folhas que tinha nas mãos, mas, quando pronunciou o meu nome de forma errada, sob a máscara de oxigênio o corrigi e falei a forma correta.

O homem se calou imediatamente e, por instantes, pareceu confuso. Me olhando de forma fixa, estendeu a mão e levantou a máscara que tinha sobre o rosto. Em seguida, perguntou o que eu tinha dito.

— Paola, meu nome é Paola – falei.

Aquelas três pessoas trocaram olhares entre si e depois me olharam em silêncio por um longo tempo. Então, o médico começou a fazer perguntas e, a cada resposta que dava, conseguia perceber a crescente expressão de surpresa naqueles rostos. Mas quando senti uma súbita tonteira e tentei erguer a mão para indicar que não me sentia bem, o médico se apressou em recolocar a máscara de oxigênio. Ele não me fez mais pergunta alguma, apenas se afastou e eu adormeci.

Foram novamente vozes de pessoas estranhas que me fizeram despertar, e, quando abri os olhos, havia tantos médicos ao redor da cama, que não pude enxergar nada além do teto da sala. Mas dessa vez, quando retiraram a máscara, colocaram dois pequenos tubos de oxigênio diretamente no meu nariz e recomeçaram com as perguntas. Um médico de cabelos grisalhos, a quem todos os outros se mostravam respeitosos, se adiantou e novamente quis saber o meu nome. Depois que respondi, perguntou se eu sabia onde estava e, após me ouvir falar que estava em um hospital, quis saber o lugar desse hospital.

— O lugar não sei, porque nunca estive aqui, mas provavelmente é um hospital em Minas Gerais.

— E como pode saber isso? – perguntou inclinando o corpo sobre a cama.

— Pelo que está escrito aqui – e, movendo a mão direita com dificuldade, apontei para o lençol que recobria o meu corpo e tinha a sigla do governo do Estado.

Acompanhei as expressões dos rostos daqueles médicos e novamente percebi que estavam claramente surpresos. Sem mais perguntas, o homem mais velho, e aparentemente no comando daquele grupo, me desejou bom-dia e, encostando a mão levemente no meu braço, se afastou. Os outros o acompanharam no cumprimento e também se afastaram.

Pouco tempo depois que os médicos se retiraram, acompanhei com curiosidade uma espécie de plataforma sendo empurrada na direção da cama em que estava. Logo vi sair um homem detrás daquela parede de ferro, que, percebendo a minha surpresa, falou:

— Aposto que você nunca tinha visto uma máquina de tomografia dessas... – e com um sorriso franco, completou – É que no CTI as máquinas vão até os pacientes.

Quando me informou que estava ali para fazer uma tomografia da minha cabeça, eu quis saber o porquê e foi a enfermeira quem respondeu:

— Simplesmente porque os médicos estão diante do impossível, você fala e raciocina – disse.

Eu a olhei sem dizer nada. Somente muitos dias depois começaram a me informar, gradativamente, a respeito de alguns dos acontecimentos que me levaram àquele hospital após o fato de 17 de agosto.

Na maior parte do tempo eu era deixada quieta. A exceção eram os médicos que continuaram chegando em grupos, sempre da mesma forma como naquele primeiro dia em que fizeram as perguntas. Mas dentre todos, havia um que estava particularmente interessado em como eu me recuperava. Após me dizer seu nome, esclareceu:

— Eu sou o cirurgião que te atendeu quando chegou aqui.

Foi assim que conheci o médico que havia insistido tanto em tentar salvar uma vida que, para os outros, estava perdida.

Por todo o tempo que fiquei naquele hospital, médicos de diferentes equipes, duas vezes ao dia, se aproximavam e eram devidamente instruídos por seus chefes a respeito do que havia acontecido. Daquele relato, a maior parte desenvolvida em linguagem técnica, eu não conseguia entender praticamente nada, mas compreendia muito bem os olhares de surpresa e incredulidade dirigidos a mim. Literalmente era como se estivessem vendo o que seria impossível de ver.

Numa daquelas visitas, o médico chefe da equipe de neurologia determinou que fosse aberto um protocolo para determinar, cientificamente, o que poderia explicar o fato de eu estar viva e com as funções cerebrais intactas.

Durante aquele período, até pelas condições do corpo, eu falava pouco, mas observava atentamente tudo o que acontecia à minha volta.

Rapidamente aprendi o ritmo daquele CTI, mesmo sem conseguir enxergar com nitidez os ponteiros do pequeno relógio fixo na parede em frente à cama onde estava. A luz do sol não penetrava ali em momento algum, mas, quando grupos de enfermeiros chegavam trazendo cobertores, eu sabia que era noite. A movimentação também diminuía, e foi durante aquele período que uma mulher de pele e olhos claros se aproximou perguntando se eu a reconhecia. Ela não pareceu desapontada quando eu disse que não me lembrava. E, logo em seguida, um homem, um médico, também se aproximou, e os dois me contaram sobre a madrugada em que meu coração voltou a bater com força inesperada.

Explicaram que nenhuma medicação extra havia sido dada para forçar aquela reação. Contaram sobre a checagem dos aparelhos, e, querendo tornar a situação mais clara, o médico falou:

— Foi mesmo do nada, assim como... um sopro.

— Sim, o sopro de Deus – completou a enfermeira.

Eu assenti com a cabeça e guardei aquelas palavras, mas não consegui dizer nada no momento em que as ouvi. No entanto, tendo plena consciência de como tudo aconteceu, não duvidava um instante de que foi o sopro de Deus que me fez viva novamente.

No início da semana seguinte a segunda cirurgia, comecei a sentir uma leve sonolência. A princípio, acreditei ser cansaço natural, mas então, a enfermeira informou da presença de febre.

Como não haviam pontos reservados naquele CTI, os médicos discutiam a respeito de cada paciente bem em frente ao leito em que estavam. Ainda que de olhos fechados e parecendo dormir, reconheci a voz do cirurgião comentando:

— Se a sepse vier, nessas condições ela não conseguirá – sentenciou.

Eu já consegui! falei em pensamento.

Ainda em pensamento, com firmeza, comecei a conversar com Deus e declarei a Ele minha confiança, repetindo as palavras do salmista:

"Mesmo quando eu andar por um vale de trevas e morte, não temerei mal algum, pois Tu estás comigo;"

Não me lembro do momento em que adormeci. Também não sei dizer se de fato adormeci ou o que se passou a seguir foi delírio ou visão.

Eu me vi sozinha em meio a um deserto. Mas naquele lugar, não havia dunas, somente areia e pedras. Ali, pude sentir o calor na minha pele.

Quando ergui os olhos, por instantes, pude ver o sol, mas então, nuvens negras, anunciando uma tempestade, tornou o dia, quase noite. Instintivamente caminhei alguns passos e, de propósito, olhando para o chão, vi que naquela curta caminhada havia apesar do vento forte, deixado minhas pegadas na areia.

Eu ainda tinha os olhos fixos no chão, quando, num sobressalto, ergui a cabeça e pude ver uma luz intensa rasgando ao meio as nuvens negras e, com seu brilho, ligando céu e terra. A força daquela luz foi tão forte que senti o solo estremecer sob meus pés, mas mesmo sentindo temor, estava maravilhada com o que acabara de presenciar e continuei olhando.

No exato ponto onde a luz bateu na terra, percebi um vulto avermelhado que vinha rápido na minha direção. Apurei a vista, e logo depois, perdi o fôlego, tão grande foi a alegria que senti.

Ainda que um tanto distante, agora via claramente quem chegava. Eu acompanhei com olhar atento enquanto se aproximava e quando estacou a poucos passos de distância, não pude deixar de sorrir. Ali estava ele: Rick Pernambuco.

Ele se aproximou e eu passei os braços ao redor do seu pescoço. Pude sentir a maciez de sua crina e a respiração ainda ofegante pela corrida. Ainda assim, nunca antes exalara tanta força e vida.

— Rick! Você veio me encontrar justo no meio de um deserto!

Após dizer essas palavras, tomando consciência de que ele viera justamente daquela luz que rompeu as nuvens negras, não vacilei, e num impulso, saltei sobre seu dorso.

Até aquele momento não tinha entendido por que o belo e indomável Rick aparecera em meio à desolação, mas ele, sem dúvida, mostrou saber a que vinha. Tão logo percebeu que eu estava com as pernas firmes junto ao seu costado, disparou.

Se momentos antes estive alegre e um tanto surpresa com a chegada do alazão, quando olhei à frente, estremeci: um imenso paredão de areia vinha, como onda, direto em nossa direção.

Rick, ao invés de desviar, bateu as patas no solo com mais força e, ganhando velocidade, entrou direto no meio da muralha. Percebendo o impacto iminente, instintivamente abaixei a cabeça para proteger os olhos e então, como um eco, ouvi novamente as palavras ditas pelo médico e pela enfermeira: "foi como um sopro, o sopro de Deus".

Consciente da força daquelas palavras, agora não mais com medo algum, incitei o cavalo para que seguisse adiante. Fosse aquela travessia o que fosse, tinha que ser feita, e, novamente pela força do sopro da vida, tomei o caminho.

Foi então que logo senti o agradável cheiro de terra e mato. Ergui a cabeça. Não estava mais no deserto. A paisagem havia mudado por completo. Do alto, em uma montanha, olhei os campos verdes que se estendiam até a linha do horizonte e se mesclavam ao azul de um céu límpido.

Respirei profundamente o ar fresco e leve. Desmontando, pisei no solo macio e observei quando Rick, calmamente, muito à vontade, se pôs a pastar. A alguns passos de onde eu estava, reparei numa árvore imensa, de folhagem abundante, que cresceu bem rente a uma pedra branca. Foi junto àquela pedra que me sentei e recostei.

— Que paz! – disse em pensamento.

A imagem dos campos que observava de forma tão nítida foi, lentamente, ficando distante, e então percebi que voltava novamente à minha cama de hospital. Em pé, ao lado do leito, a enfermeira fazia a troca do soro.

— Eu tive um delírio? – quis saber.

— Delírio?! Nada disso. Você teve sono tranquilo. A febre desapareceu, como que varrida pelo vento.

Aqueles acontecimentos, como não poderiam deixar de ser, mudaram a minha forma de pensar, e nada do que sabia antes, por todas as mais variadas fontes nas quais busquei conhecimento até então, havia me preparado para encarar com naturalidade tudo o que tinha acontecido.

Em teoria, saber que o extraordinário existe é noção básica aprendida cedo. Mas estar sob o efeito do extraordinário e pretender usar a lógica para explicar fatos que vão além da capacidade de entendimento são pretensão sem sentido.

Naturalmente que eu tinha muitas perguntas, mas as respostas não foram sendo dadas de acordo com o meu puro e simples querer. No entanto, a primeira de muitas aconteceu enquanto ainda estava no hospital.

Eu me lembrava, em detalhes, sobre tudo o que tinha acontecido em 17 de agosto e, com a consciência muito clara, tinha a certeza de que, nos meus últimos momentos, havia sido curada daquela estranha dor que senti por anos e que me reduziu a nada.

Entendi que, por pior que tenha sido aquele sofrimento, ele teria solução em vida. O agir de Deus não deixou dúvida. A vida me foi restituída depois que a perdi, mas o fim do sofrimento que eu nunca soube entender aconteceu antes.

Por ser um pronto-socorro, não havia médicos psiquiatras no quadro regular de funcionários do hospital. Apenas em visitas esporádicas aqueles médicos atendiam a determinados pacientes, e o meu caso, como de outros ali, mereceu o atendimento.

Eu respondi a todas as perguntas que foram feitas, e ao final, sem vacilar, a médica me deu o nome da doença que eu nunca soubera entender: depressão clínica severa.

Quando ouvi as palavras "depressão clínica", como num *flash*, voltei no tempo. Me vi três anos antes diante do gastroenterologista que, segurando o laudo do exame da endoscopia, falou: "Paola, pode haver sim um problema muito sério por trás de tudo isso. Aconselho a procurar um colega psiquiatra, pois me parece que você está com sintomas de depressão clínica".

Eu também me lembrei da reação que tive. Saindo daquele consultório intempestivamente, não esperei entrar no carro e, ainda caminhando pela rua, peguei o celular e falei: "Estou bem, mas a consulta foi péssima. O médico é péssimo e teve o desplante de sugerir que tenho aquela doença de gente fresca que chamam depressão e tem mais, ainda me aconselhou procurar um médico de louco".

"A ignorância é o maior peso que a Terra suporta", dizia meu avô. Eu literalmente paguei com a vida o preço pela minha ignorância.

Nos dias que se seguiram, me esforçava por mover as pernas e acomodar melhor o corpo. Queria diminuir o desconforto de estar deitada por tanto tempo numa mesma posição, mas ficou claro que não conseguiria e foi durante o banho, quando notei um segundo ferimento aberto no osso do quadril, que fui informada que a bala que havia percorrido o meu corpo ainda estava nele. Ao usar aquela arma e munição em 17 de agosto, sabia muito bem do poder da letalidade que tinham e, então, compreendi que não andaria mais.

ros. Mas agora, sentindo a força do sopro, estava determinada a não entregar para a dor mais sofrimento do que o necessário.

Ali eu compreendi que existem muitas formas de vencer. Uma delas é se recusar a perder e, a partir de então, eu me recusei a perder.

E a vida sempre surpreende.

Eu ouvia histórias contadas pelas outras mulheres que estavam nas camas próximas e novamente tive fome por livros. Comecei a ler desde revistas emprestadas até encartes de receitas de bolo. Mas um certo livro, que eu já conhecia e agora tinha novamente em minhas mãos, era diferente de todos os outros. E num dos momentos de reflexão, abrindo a Bíblia aleatoriamente, pude ler estas palavras:

...estabeleceu-se com firmeza, pois o Senhor, o seu Deus, estava com ele...

Ainda que com a mão trêmula, por reconhecer a verdade daquela mensagem, anotei no canto da página a data e o lugar: *12 de setembro de 2014. Hospital de pronto-socorro.*

Na calma da madrugada, a luz da enfermaria era apagada, e eu voltava meus olhos para a janela. Observava o céu exatamente como tinha feito nos meus melhores anos. Numa dessas ocasiões, enquanto conversava com Deus, agradecia por Ele ter me dado a graça de me encontrar novamente, de estar livre daquela mortal sensação de ausência e falei em pensamento: *Pai, obrigada. Que saudade eu estava de mim!*

Como não tinha relógio, continuei a me orientar no tempo em função da rotina do lugar. E numa tarde, antes do horário oficial aberto para visitas, vi entrar um homem que, sorrindo, se aproximou. À primeira vista, não havia nada em sua pessoa que o destacasse, não tinha altura nem porte e também já não era jovem, mas, percebendo a paz e a alegria em seus olhos, retribui o sorriso.

Ele se apresentou: era padre e tinha nascido na Sicília. Animada em ter diante de mim um compatriota dos meus avós, fiz uma saudação em seu idioma natal e, quando a conversa se estendeu, para minha surpresa, soube que ele conhecera e tinha lido alguns dos livros do padre Celso de Carvalho, o mesmo homem que, há tantos anos, havia sido um dos que primeiro me falaram sobre Deus.

Tivemos muitas conversas, e numa delas, analisando sob base teológica a situação que vivi e o desfecho acontecido, ele se esforçou por explicar, em poucas palavras, o conceito do livre arbítrio.

Considerou que qualquer pessoa, em desesperança, não tendo em si o recurso do discernimento e a clareza de poder enxergar a respeito de hipóteses que a levariam a encontrar saída para determinada situação, não estaria, por sua vez, em condições de exercer o livre arbítrio.

Ele se debruçou um pouco sobre a cama e falou: "Mas, de qualquer forma, acredito que a misericórdia de Deus alcança tanto os que têm consciência quanto os que não têm."

Eu sorri diante daquelas palavras. O padre mostrou intimidade com Deus.

Muitas outras pessoas circulavam pelos recintos do hospital. Eram de diferentes credos e, conhecendo a fragilidade humana, por meio da empatia, se esforçavam por tornar menores os sofrimentos.

Sempre tive uma inclinação natural por observar as pessoas e, naquele tempo, impedida de conversar pelas sondas e pela dor, passei a observar muito mais. Nunca me permiti julgamento por quaisquer condições externas, porque sabia que, se fizesse isso, estaria levantando barreira, e não há interação possível diante de bloqueios.

Aos poucos, muitas pessoas se aproximavam de mim e, abaixando o tom de voz, como que envergonhadas, contavam sobre os sofrimentos que viviam.

Eu conhecia bem o motivo daquele comportamento, já que eu mesma havia me comportado da mesma forma quando da doença.

O sentimento de culpa, por não conseguir reagir ou não ter sucesso na reação, é devastador, e a cobrança mais letal vem de dentro da própria pessoa. O esforço por parecer forte, num mundo que necessariamente precisa ser maravilhoso e feliz, termina por tornar mais pesada uma carga já excessivamente alta.

Nos anos da doença eu me surpreendi com pessoas e comportamentos. Precisei encarar a verdade sobre a diferença entre ser amada e ser útil e muitas vezes fiquei perplexa diante da necessidade que alguns têm em humilhar, especialmente quem não consegue reagir.

Ninguém conhece seu real valor até o momento em que nada tem para oferecer; antes, necessita. Os momentos difíceis e desesperadores são os melhores para esclarecer essas dúvidas.

E naquele hospital, diante de estranhos, enquanto estive imóvel e vulnerável, sem movimentos nas pernas e extremamente fraca para erguer a jarra de água posta ao lado da cama, nunca me faltou quem enchesse os copos. Muitas vezes, como tinha paz, aconteceu de dormir e, quando acordava, via água em abundância.

Eu conhecia pelo nome algumas das pessoas que me deram água, mas foram tantas mais, que nunca sequer vi seus rostos. Pessoas que, silenciosamente e sem alarde, sem outro motivo senão o amor gerado pela empatia, me pouparam do sofrimento da sede.

O tempo em que estive no hospital foi de reflexão e, acima de tudo, oração.

Sem condições físicas de conversar, apenas conseguindo por muito esforço uma precária comunicação, estava em isolamento. Mas, diferente do tempo da doença, aquele isolamento foi providencial porque fez com que olhasse para dentro de mim mesma.

Livre da doença na mente, eu estava me recuperando no corpo.

Não pude deixar de pensar que a vida começava para mim, naquele hospital, de uma forma muito similar à que havia surgido tantos anos antes, de maneira natural.

Como não conseguia me mover, usava fraldas e tomava os banhos na cama. Mas certa manhã, me sentindo forte o suficiente, quis tomar o banho no chuveiro. Com cautela, retiraram o tubo de oxigênio que ainda me ajudava a respirar, e fiquei somente com a sonda de alimentação em uma das narinas, mas esta também foi desconectada da máquina.

Ajudada por duas enfermeiras, me sentei na cadeira de rodas própria e fui deixada no banheiro. Quando a água caiu forte e abundante, senti o corpo reagir de imediato. Endireitando o tronco, coloquei a cabeça diretamente sob o jato de água morna e fechei os olhos. Minutos depois, o primeiro efeito: com a musculatura relaxada, a dor diminuiu até chegar apenas a um leve desconforto. E enquanto a torrente caia sobre as minhas costas e debaixo daquele turbilhão, enchi os pulmões de ar e me forcei respirar.

A vida segue seu curso outra vez, pensei. Mas sabia que não seria como antes. Pela profissão, e teoricamente, eu conhecia de perto as dificuldades cotidianas que os deficientes encontravam nas mínimas coisas. Agora estava vivendo essa realidade e sabia que não tinha mais condições de voltar para o antigo apartamento. No pequeno prédio não havia elevador, e escadas para mim se tornaram obstáculos intransponíveis.

Minha mãe ainda morava no mesmo lugar: a casa que havia sido construída por meu pai nos exatos moldes dos casarões da sua terra natal. Nunca me esqueci dos anos de felicidade que passei naquele lugar, e, reconhecendo a necessidade, ficou decidido que, em função das escadas, um quarto seria adaptado no andar térreo, onde originalmente era a biblioteca. Minha mãe brincou que eu não poderia estar em melhor companhia do que no meio de todos aqueles livros. E numa visita, para minha surpresa, chegou acompanhada.

Eu sabia que uma pastora da Igreja Batista da Lagoinha era vizinha dos meus pais. Também soube por minha própria mãe que todas as vezes que passeava nos jardins e via o pai daquela vizinha caminhando sozinho em seu exercício diário – o pastor Márcio Valadão –, ela pedia, triste e solitária pela morte do marido, e o pastor orava para que Deus lhe desse forças.

Quando vi entrar na enfermaria uma mulher jovem, reparei em sua harmoniosa beleza física. Ela tinha os longos cabelos claros presos em um rabo de cavalo e, com um sorriso franco, cumprimentou todas as pessoas que estavam no quarto. Então, se aproximou.

A primeira impressão que tive, de fragilidade em seu corpo um tanto magro, mudou imediatamente quando percebi que, ao contrário da maioria dos visitantes, ela não recuou ao notar os tubos de oxigênio e a alimentação que eu trazia no rosto. É que a minha aparência, naqueles primeiros dias, não era muito boa, e invariavelmente eu percebia que as pessoas, ao se dirigirem a mim, traziam no olhar um misto de aflição e espanto. Mas ela, não. Naquele rosto suave vi bondade e confiança.

Fomos apresentadas. Ela era a pastora Ana Paula Valadão Bessa e naquela manhã, ao dar uma carona para minha mãe, ficou sabendo dos acontecimentos e quis fazer uma visita.

Inicialmente conversamos sobre a beleza da região em que morávamos, e contei a ela sobre o costume que tinha de ficar noites inteiras observando as estrelas, que naquele lugar afastado das fortes luzes ganhavam a nitidez própria do firmamento visto das pequenas cidades do interior.

Então ela me falou sobre as viagens que fazia a lugares distantes, e quando contou sobre o campo de refugiados que recentemente visitara na Jordânia, meu pensamento foi longe.

Há muitos anos eu acompanhava os relatos das missões humanitárias da ONU naquele e em outros campos, mas nunca tinha conhecido, pessoalmente, alguém que estivera em um deles. Enquanto ela falava, entendi que ali estava uma pessoa que não le-

133

vantava barreiras a qualquer tipo das inúmeras diferenças que há entre os povos. Ao contrário, ela nitidamente deixava claro que apreciava a diversidade.

Enquanto Ana Paula descrevia em detalhes tudo que tinha visto, notei seu rosto de traços suaves se tornar instantaneamente muito sério. O tom de voz também ficou mais grave. Ela não procurava disfarçar a dor que sentia ao lembrar dos sofrimentos que presenciou, mas nem por isso se recusava a falar e responder às perguntas que eu fazia.

As duas horas, tempo permitido para a visita aos pacientes, estava se esgotando, e então vi uma nova face daquela jovem mulher que mostrava tanta cultura e compaixão.

Ela era uma pastora batista e, tendo sido informada por uma médica conhecida que trabalhava naquele hospital, soube que o meu estado ainda provocava dúvida, já que havia uma imensa probabilidade de complicações pós-operatórias surgirem. Na verdade, não era certo que saísse dali, e essa consciência eu também tinha.

Agora, assumindo inteiramente a posição de sacerdote, ela me falou em Deus e perguntou se eu teria vontade de reconhecer a Jesus como meu Senhor e Salvador. Eu fiquei perplexa com a minha própria reação de alegria, porque nunca, de forma tão franca e direta, alguém havia feito a mim aquela pergunta.

Pensei em Jesus e, falando a Ele, respondi:

— Sim, eu te reconheço, Jesus, como meu Senhor e Salvador – e então sorri e, olhando a pastora, vi que ela também sorria serenamente.

Antes de se despedir, a Ana Paula fez uma oração que acompanhei com fervor. Ao final, ela disse as seguintes palavras:

— O Espírito Santo me revelou que você sairá com vida e sem sequelas de tudo o que aconteceu.

Eu a olhei em silêncio. Fazia tão poucos dias que recebera a visita dos médicos ortopedista e neurologistas e, mesmo ouvindo deles que eu não voltaria a andar, acreditava sinceramente que Deus inspira conhecimento à humanidade e, sabendo o quanto a medicina avança, acreditava e tinha esperança que realmente minha situação, no futuro, pudesse mudar.

Com planos de nos vermos quando eu saísse do hospital, nos despedimos, e eu a acompanhei com os olhos enquanto se afastava. Mas aquela alegria, que senti ao confessar Jesus como Senhor e Salvador, permaneceu comigo.

Depois de uns dias o tubo de oxigênio foi retirado e, na semana seguinte, o de alimentação artificial também.

3. O campo da promessa

Saí do hospital em setembro de 2014 com muitas recomendações. A mais importante delas, evitar quedas de toda forma. Eu pesava então 41 quilos, estava muito magra, mas não sentia fraqueza.

O fisioterapeuta passou a ir uma vez por semana. Naquelas condições, eu ainda não podia fazer exercícios numa frequência maior. No entanto, seguindo o programa específico e tudo dando certo, pelas previsões, no final de 2016 conseguiria me movimentar com o andador.

Nos primeiros dias em casa, treinei em fortalecer os braços com pesos leves. Precisava que ficassem fortes para sustentar o corpo, mas fazer isso foi mais difícil que imaginei.

Eu tinha perdido a coordenação e, da mesma forma que tremia no hospital e derramava água na cama quando levava o copo à boca, tremia agora quando tentava manter o pulso firme no andador e logo percebi que cairia se teimasse naquilo.

Instintivamente deixei os pesos de lado e peguei meus antigos pincéis. Com ajuda, sentava numa cadeira de frente à mesa onde tentava, na placa de porcelana lisa, pintar as formas mais básicas. Desenhei o sol, árvores e uma casa. Ao redor fiz uma montanha e, no alto dela, um campo. Depois, fui me lembrando das outras coisas que gostava e desenhei o mar e os coqueiros.

Minha mão ainda tremia muito e, após algum tempo, cansada, parei com aquilo. Então, como num *flash*, observando atentamente, despertei para o que tinha feito.

Sem intenção consciente, tinha colocado na placa lisa, vazia, o mundo de que me lembrava e tinha sido feliz. Pegando o pincel novamente, voltei à imagem que tinha feito da praia e, concentrando o mais que podia, desenhei duas pessoas caminhando na areia e, sobre ela, conchas.

Naquele pequeno espaço, tinha trazido da mais profunda lembrança as imagens da viagem que fiz, há tantos anos, a Porto Seguro com o meu filho.

Eu era feliz novamente. Conseguia me identificar outra vez com o que sempre amara e, assim, fixei mais minha atenção em expressar as boas lembranças do que em lamentar pela mão trêmula. Ainda que cansada, insisti naqueles desenhos por saber o muito que significavam.

Logo, senti que meu bom ânimo crescia e, com ele, a vontade de variar de ambiente e sair um pouco dos limites da casa onde ficava.

Um dia, com a ajuda de duas amigas, fui passear no shopping. Ainda não tinha forças suficientes para movimentar, eu mesma, a cadeira de rodas, mas a disposição e a curiosidade natural me faziam querer ver pessoas. Não havia mais medo ou vontade alguma de buscar isolamento.

Em outros dias, sossegada, assistia meu filho brincar na piscina. Ele ainda não nadava, mas já mostrava disposição em aprender.

Aos poucos, fui completando os desenhos que tinha feito e percebia claramente que minhas mãos tremiam cada vez menos.

Mas, em princípios de outubro, a rotina em que vivia foi repentinamente abalada. Sentindo uma dor devastadora, precisei voltar às pressas ao hospital. Naquela noite, para minha surpresa, o mesmo médico que havia me atendido na emergência em 19 de agosto dava plantão.

O imenso corte da cirurgia tinha cicatrizado bem por fora, mas internamente os pontos estavam rompidos. Era a hérnia incisional. Agora, somente uma fina camada da pele continha parte dos intestinos e estômago. Aquela era uma condição potencialmente letal, avisou o médico, acrescentando também que seria necessária uma outra cirurgia.

Voltei para casa abatida e triste. Teria que esperar seis meses até que o restante dos órgãos internos se acomodasse, só então poderia passar pelo procedimento cirúrgico necessário.

Comecei a analisar as sensações que a notícia provocou em mim. Aqueles sentimentos eram completamente diferentes dos que tive nos anos anteriores. Havia motivo identificado para o que sentia. O novo enfrentamento das dores e o perigo de morte justificavam o abatimento e a tristeza.

Na depressão clínica, a dor é vaga, indeterminada e vem sobretudo pelo sentimento de ausência.

Agora, mesmo sem ser capaz de caminhar e tendo a perspectiva de nunca mais conseguir, tendo que aguardar meio ano para outra vez passar por um período de dor e incerteza, não sentia aquela ausência, ao contrário, tinha prazer na vida e via aquelas dificuldades como desafios e obstáculos que precisava enfrentar e superar.

Ainda que estando sob risco de morrer antes que conseguisse fazer a cirurgia, pelo longo tempo que teria que esperar, não estava ansiosa.

Jamais duvidei que tudo na minha vida aconteceu pela vontade e com a permissão de Deus, inclusive a depressão, a cura, a morte e, acima de tudo, o retorno à vida.

Entendia perfeitamente que nunca tive poder algum. Eu lutei e fracassei, mas foram a fé, a aceitação e, acima de tudo, a graça que me permitiram estar novamente onde estava. Com a mente clara e o raciocínio afiado, não permiti que pensamentos de fracasso ou dor acrescentassem sofrimento àquele tempo de espera.

É que, da mesma forma que naquela noite fria de 17 de agosto havia me entregado a Deus, me entregava agora. Eu não queria morrer, e Ele sabia disso. Mas sabia também que eu sempre aceitaria a Sua vontade, fosse ela qual fosse, e, mais, eu tinha plena confiança que, nas mãos Dele, estando onde estivesse, estaria bem.

No que dependesse de mim, tomaria todos os cuidados, cumpriria todas as recomendações que me foram passadas pelos médicos, de forma a estar viva pelos próximos seis meses, até a cirurgia poder ser feita.

Nos primeiros tempos de espera, voltei aos meus desenhos e aos livros. Estava forte e tinha o espírito erguido. Foi também por aquela época que comecei a ler sobre depressão clínica, ver documentários e conversar com médicos e psicólogos.

Agora que estava bem viva, pela graça de Deus, e a depressão morta, comecei a dissecar aquela doença.

Me lembrei das palavras do meu pai de que "estava indo rápido demais", num ritmo de trabalho que forçava o corpo e a mente. Esse alerta foi dado em 2011, e eu o ignorei.

Passados alguns meses, a sensação de ausência, sinal sutil, que marcou o processo em que me desconectei do mundo que conhecia e amava teve início.

Nós nos identificamos pelas preferências que temos. Esse padrão é tão primitivo que já se manifesta nos primeiros meses de vida na satisfação por certos cheiros, cores, alimentos, sons. Com o tempo e o intelecto mais desenvolvido, outros padrões se juntam e, agregados, permitem a identificação do ser.

Certa vez assisti a um documentário sobre o faraó Tutankamon. Os arqueólogos, sem texto algum do próprio punho do rei e com mais de dois mil anos de diferença no tempo, puderam falar sobre os gostos pessoais daquele homem. É que na tumba real, dentre as centenas de variedades de vinhos que havia na época, uma quantidade muito maior de certo tipo havia sido encontrada. Da mesma forma, os especiais tipos de arcos e pontas de flechas encontrados mostravam claramente que o faraó apreciava praticar mais a caça a determinados animais do que a outros. Considerando que os egípcios acreditavam na ressurreição da alma e imaginando que em algum lugar, Tutankamon viveria novamente, todos aqueles objetos juntos representavam a forma como o rei se identificaria na eternidade.

Os gostos comuns nos tornam sociáveis. Mas os gostos pessoais nos tornam únicos.

A identificação das preferências serve muito bem para que outros conheçam a pessoa sem que seja necessário dizer palavra, como no caso de Tutankamon, mas, mais que isso, é essencial para a própria identificação.

A depressão clínica – detonada por uma ação química no cérebro, de que ainda não se conhece a causa, como também não se conhece o que provoca os vários tipos de câncer e inúmeras outras doenças –, tirando o prazer da recompensa proporcionado pela satisfação nas preferências, desconecta a identificação da pessoa consigo mesma.

A sensação do vazio, da ausência, confunde e paralisa. A angústia pela não satisfação desmotiva a ação que a busca. A mente, esgotada, começa a falhar. Ligações sociais e pessoais são desfeitas.

Os mais insignificantes problemas se tornam imensos obstáculos na medida em que a perda da capacidade de análise, invariavel-

139

mente, aponta para o fracasso. Uma vez que a própria fragilidade é aceita como certa, o foco deixa de estar em si mesmo e passa ao exterior, onde um mundo, cada vez mais assustador, ameaça e aterroriza. A culpa fecha esse círculo vicioso que se autoalimenta.

As nossas maiores batalhas não são travadas no mundo material. A um inimigo que se imagina indestrutível é impossível vencer, pois que a derrota já está no próprio pensamento.

Enquanto os dias corriam, eu lutei para não permitir que os obstáculos se tornassem gigantes. Atenta ao tamanho dos inimigos mentais, não permitia que qualquer pensamento negativo tomasse espaço. E foi por meio da oração, enquanto conversava com Deus, que cresci em força.

Os tremores nas mãos e braços tinham praticamente desaparecido, e com cautela, aos poucos, fui conseguindo me apoiar sobre o andador. Eu já treinava imaginando quando, no futuro, poderia fazer movimentos maiores.

E num dia em que caiu chuva forte, em silêncio me sentei perto da janela, observando. Quando a tempestade terminou, respirei profundamente. Era aquele o cheiro que mais amava, o cheiro da terra molhada. Logo, o sol brilhou novamente e, com ajuda, saí para respirar o ar puro.

No jardim da casa havia um enorme pé de pitanga, e, por gostar muito, fui me sentar próximo, esperando que aquela sombra me protegesse do sol. Enquanto fazia umas anotações, reparei que não muito distante havia uma árvore tão carregada de flores, que suas pétalas brancas, caindo, formavam como que um tapete sobre a grama verde. Eu tive vontade de me deitar sobre aquele tapete, mas, sabendo que não conseguiria caminhar até ele, apenas olhei.

Então, soprou um vento forte. Antes que eu pudesse segurá-las, as folhas soltas do meu bloco de notas voaram e naquele exato momento, para minha surpresa, as flores da árvore próxima caíram sobre mim. Maravilhada, olhei em volta. Agora, como um presente, tinha recebido um banho de pétalas brancas e estava literalmente sobre um outro tapete.

Olhei então para as minhas pernas, que permaneciam imóveis, estendidas. Lembrava o que tinha ouvido dos médicos e fisioterapeutas sobre nunca mais conseguir caminhar como antes e também me lembrei do aviso do cirurgião de que, se entrasse numa piscina, iria afundar.

Comecei a conversar com Deus e naquele momento, sentada sobre as flores, pedi a Jesus que me desse a graça, curando a minha coluna e o feixe de nervos lesados. Não me importava minimamente sobre o que tinha ouvido dos médicos, porque tinha a certeza que, se fosse a Sua vontade, eu voltaria a caminhar.

Naquela tarde, enquanto estava debruçada novamente sobre a placa de porcelana, completei o desenho que havia feito representando o sítio.

Próximo a casa, desenhei mais árvores e o pequeno lago. Desenhei as montanhas e, no alto do platô de uma delas, pintei o campo onde havia semeado a terra e tive a alegria de ver nascer o pasto verde e abundante. Também foi ali que um dia, do nada, vi chegar um cachorro desobediente, que, por conta própria, escolheu ficar.

Então, me dei conta de um fato extraordinário.

Eu havia retratado o mundo material onde um dia vivi. E ainda que tenha sido uma fase dura, tendo como morada o pouso de um peregrino, num ambiente tão diverso daquele que conhecia até então, sob o sol e vento inclementes, foi sob aquelas circunstâncias que eu verdadeiramente me encontrei e tive paz.

Fora ali que há tantos anos, após a oração, havia recebido a ordem de Deus de semear a terra árida e, mesmo sem entender, plantei o campo e vi aquele lugar desolado se transformar num campo verde e farto.

Agora compreendia.

A onisciência é um dos atributos de Deus. Ele sabia dos meus pensamentos e sentimentos. Sabia do meu passado, do presente e do futuro. Ele também sabia o quanto o desvio das metas, pelas quais um dia eu soube tão bem lutar, estava transformando minha vida em morte.

A tempestade que varreu o mundo em que vivia foi permitida porque sem ela eu teria continuado naquele erro. Mas, enquanto a tormenta caía, não compreendi isso. Olhava para fora e ao redor e não para dentro de mim mesma. E assim pedia a Deus que salvasse o que precisava afastar. Na verdade eu estava pedindo a continuidade da morte.

Então, Deus permitiu o choque do abismo e, quando as águas baixaram, Ele me enviou ao deserto para que, diante da vastidão, eu finalmente vasculhasse meus sentimentos e ações.

O crescimento só é possível quando olhamos de frente o que está em nós.

A visão da terra árida, que um dia me impressionou tanto, foi o alerta do que eu poderia me tornar. Mas a transformação do lugar desolado em campo onde havia abundância de vida foi a promessa. No tempo certo, no Seu tempo, eu também passaria pela transformação e, de igual forma, teria a fartura de vida que havia visto nos campos.

Não havia dúvida. Se fui até então uma pessoa bem comum, o Deus da minha vida não é.

Orando, voltei ao meu desenho.

No alto da montanha de capim abundante, desenhei a imagem de uma leoa, que calmamente descansava sob uma árvore tendo sua cabeça voltada para um monte próximo.

Mas dessa vez não era uma pintura inconsciente.

A leoa representava a força; e o monte, a fonte de onde vinha essa força: Deus.

Agora sabia que o mesmo Senhor que acalmou a tempestade caminhava comigo. Não importava a distância que ainda teria que percorrer no deserto, Ele me tiraria de lá.

4. Pela graça

Ainda que aguardasse uma cirurgia com resultado incerto, já fazia planos de voltar a exercer a profissão que sempre amara.

Pedi que trouxessem as caixas que eu mesma havia lacrado e que continham todos os meus livros de Direito. Nos dias subsequentes, li os Códigos de Processo e tive outra vez alegria e satisfação, mas agora e definitivamente não estava mais disposta a fazer uma advocacia isolada em meio aos papéis.

Em um outro tempo, que acreditei perdido, havia encontrado plena felicidade no exercício do Direito Humanitário, mas não tinha sido determinada o bastante para tornar aquela uma atividade integral.

Agora, quando me foi dada uma nova oportunidade, não sabotaria mais meus próprios sonhos.

Veleiros são feitos para navegar rumo à imensidão do mar aberto e não para ficar ancorados numa baía de águas calmas. Se isso acontecer, apodrecem.

Eu tinha novamente o espírito do leão e iria lutar.

Em meados de outubro de 2014, os tremores em minhas mãos e braços haviam desaparecido por completo. Sob muito esforço ficava de pé, apoiada no andador, mas não ousava arriscar o movimento de caminhar. Na verdade, eu tinha medo porque sabia que minhas pernas não me sustentariam. Além do mais, havia sido avisada que exercícios agora, com o corte interno aberto, por si, já eram perigosos. Assim, procurava apenas acostumar os braços a suportar o peso do corpo.

Já era quase uma hora da tarde quando ouvi a voz da minha mãe. De dentro da casa, ela avisou que logo desceria com o almoço.

De frente ao jardim, colocando a força nos braços, eu firmava o corpo sobre o andador. Como o dia estava quente, o suor descia pelo meu rosto. É que o simples exercício de ficar de pé já era suficiente para que ficasse exausta.

Mas naquele dia até o cansaço foi diferente. Da garagem coberta eu olhava o jardim a minha frente. Olhava a grama verde, o céu sem nuvens de um azul forte e então pude sentir a brisa fresca. Voltei a cabeça na direção da árvore onde as pétalas brancas, caindo, formavam o magnífico tapete e me lembrei do pedido que havia feito a Jesus para que voltasse a caminhar.

Na noite anterior, eu estive lendo o Evangelho de Mateus e ficara, durante horas, meditando a respeito da passagem em que Jesus, ao caminhar sobre o mar, chamou Pedro para que fosse até Ele.

Ora, racionalmente, é impossível para qualquer um caminhar sobre as águas, e Pedro sabia disso. No entanto, do outro lado, Jesus o esperava e obviamente o Senhor não chamava o discípulo para a morte. Ao contrário, de forma clara, Deus exortou Pedro a que permitisse a si mesmo quebrar a barreira do possível. Aquela foi uma batalha entre a razão e a fé, entre o medo e a coragem.

Pensei a respeito da grande prova que o pescador enfrentou. Ele estava na segurança do barco, poderia ter ficado ali como os outros ficaram, mas, se ficasse, jamais teria conhecido o extraordinário. E foi com olhos da fé que Pedro saiu do barco.

Eu olhei novamente para o jardim e para o tapete de pétalas brancas. Para mim, pelas condições em que estava, tentar ir até lá seria o mesmo que caminhar sobre as águas.

Então, imediatamente me lembrei de outra passagem em que o próprio Deus declara:

Eu não te dei um espírito de medo.

Fechando os olhos, orei.

"Jesus, eu creio", disse em pensamento.

E repeti aquelas palavras com o coração e o espírito voltados a Deus.

Estive tão entregue, que o cansaço, o barulho dos carros e o calor se tornaram imperceptíveis. Eu me senti leve e consciente de que já experimentava o extraordinário, e me deixei ficar.

Não mais como em 17 de agosto, em que invoquei o nome de Deus na agonia da morte, naquele momento eu O estava adorando em vida, em força e gratidão por Seu imenso e ilimitado amor.

E então, muito suavemente, fui sentindo outra vez que voltava.

Quando abri os olhos, sorria. Enquanto estive em adoração, tinha erguido os dois braços e agora estava de pé pela força que havia em minhas pernas.

A alguns passos de distância estava o jardim, mas, na frente, o andador bloqueava o caminho.

— Isso não faz parte de mim – disse em voz alta e, erguendo o andador com as mãos, o coloquei de lado.

Como num turbilhão, vieram as lembranças recentes. Ainda podia ouvir as vozes de todos os médicos dizendo que eu nunca mais andaria, os fisioterapeutas incentivando a fazer os exercícios, a pastora Ana Paula revelando a graça de Deus.

Naquele momento, uma única palavra ressoava de forma suave, mas firme, em minha mente: *caminhe.*

Novamente eu me lembrei de Pedro caminhando sobre as águas e, como num despertar, tive a consciência de que o mesmo poder que esteve nele também estava em mim: Deus.

Eu não vacilei.

Abaixando a cabeça, mantive propositalmente os olhos sobre as pernas, porque quis ver o primeiro passo que daria, o passo rumo à quebra do impossível, pela graça de Deus.

E eu caminhei. Caminhei até o jardim. De pés descalços pisei a grama e, indo até o tapete de flores brancas, senti a maciez das pétalas. Ali, me pus de joelhos e mais uma vez agradeci a Deus. Agradeci pela cura do corpo e do espírito, agradeci por fechar as feridas passadas e por impedir os sofrimentos futuros e agradeci a Deus pela graça das graças, que é Jesus.

Quando entrei em casa, subi as escadas carregando o andador nos ombros e fui diretamente para o refeitório onde minha família almoçava. Vi os garfos sendo parados no ar, movimentos interrompidos e olhos arregalados, vi pessoas mudas. Diante do espanto delas, falei:

— Jesus quis.

Os marcos dos limites são perceptíveis. O que não é possível é mensurar o poder liberado pela fé em quebrar limites, pois esse agir provê de Deus, e Ele não conhece o impossível.

Quando pensei no impensável, segundo as regras do possível, acreditei e, quando acreditei, abri as portas para o agir de Deus pela fé.

Como uma pessoa que tem o estudo da lei por profissão, sei o quanto é necessário antes acreditar na lei como premissa para que ela seja cumprida, e eu, de fato, creio no poder das leis quando as cito em minhas petições para que o juiz, compreendendo, as faça cumprir.

Mas eu também sei que toda lei é transitória, mutável, segundo o tempo e o propósito, e sei que um dia, necessariamente, deixará de ser útil e será extinta. Ainda assim, acredito na eficácia de uma lei escrita por mão humana.

Crendo que de fato haja força no que os mortais como eu determinam, não duvidei no que o Criador, Deus, me fez garantia.

Quando compreendi que a lógica pode funcionar como uma cadeia, rompi as então frágeis correntes que aprisionam e aceitei que a promessa garantia, sendo libertadora, libera a ação do extraordinário.

Extraordinária é a promessa de Deus, e o seu agir, provocado pela fé, se manifesta igualmente de forma real e extraordinária.

É pela promessa que cegos veem, paralíticos caminham e mortos retornam a vida.

Naquele final de tarde, o dia da graça, choveu, e eu literalmente corri para o meio do jardim. A descoberto, deixei que a água caísse sobre meu corpo. Com os cabelos e a roupa encharcadas, feliz, respirei profundamente o cheiro de terra molhada.

À noite, minha amiga e vizinha Ana Paula Valadão Bessa veio me visitar. No momento em que caminhei em sua direção, ergueu os braços. Pela radiante alegria que vi em seus olhos, soube que compreendeu de imediato que a graça de Jesus havia me alcançado e quebrado, mais uma vez, a barreira do impossível.

Como cristã e pastora, ela tinha visto muitos milagres. Em suas próprias andanças pelos confins da Terra, levando o Evangelho, conhecendo as dores humanas, conhecia também o amor de Deus e a força da promessa.

5. O sentido do caminhar

Eu nunca pensei que um dia pudesse chegar ao extremo de fazer o que fiz e, quando fiz, nem por um instante imaginei que retornaria. Era impossível para mim, mas Deus, decidindo que a minha história não terminaria daquela forma, deixou claro que para Ele todas as coisas são possíveis.

Em princípios de novembro de 2014, voltei para uma consulta no hospital do pronto-socorro. Embora em casa, tecnicamente eu só receberia alta após a cirurgia de reparo da hérnia incisional e, até lá, precisava colocar meu corpo o mais forte possível para suportar o que viria.

Depois de 19 de agosto, aquela era a terceira vez que entrava no pronto-socorro, mas agora, ao contrário das outras duas, não ia numa cadeira de rodas. Pela graça de Deus, eu caminhava por minhas próprias pernas.

As pessoas que me viram chegar e estiveram comigo durante o tempo de recuperação acompanharam o que tinha acontecido dentro daquelas paredes porque eram funcionários, mas ainda não sabiam das mudanças acontecidas fora do hospital.

Seguindo pelos corredores que levam aos consultórios eu podia enxergar, ainda que distante, o setor de emergência no andar térreo. Não tinha como lembrar ter entrado ali naquele dia de agosto, mas agora, sob outras circunstâncias, cada vez que batia os tornozelos no chão daquele piso, num passo firme, em silêncio, orava a Deus. Agradecia por mim, pedia pelos pacientes e por todos os que de tantas formas se empenham para salvá-los e tornar menor o sofrimento.

Embora andasse devagar, cheguei ao setor isolado das consultas e bem no meio do corredor vi o cirurgião que havia me atendido da primeira vez que entrara ali.

Sem se dar conta da minha aproximação, aquele homem tão alto esbravejava por algum motivo e, erguendo um dos braços, pareceu maior do que já era.

Quando finalmente me viu caminhando em sua direção, soltou os braços ao longo do corpo e, subitamente pálido, observou em silêncio, perplexo, até que parei diante dele.

— Bom dia, doutor! – eu disse sorrindo.

— Paola! – os olhos do médico percorreram meu corpo e se fixaram em minhas pernas.

Depois, com voz fraca, completou:

– Não sei o que dizer...

Então contei os detalhes sobre o dia da graça em que Jesus quis que eu caminhasse. Ainda que nada dissesse, a verdade estava diante dos olhos dele. Como médico e primeiro cirurgião que havia atuado naquele 19 de agosto, ele sabia muito bem que eu não teria condições, nem força e muito menos poder para estar ali da forma que estava. Aquele homem, em sua extrema humanidade, reconhecia o amor de Deus.

Satisfeito em me ver bem, após analisar os exames que levava, deu novas instruções para a cirurgia que viria, mas, em função do meu peso ainda baixo, aconselhou esperar mais que os seis meses, como forma de melhorar a resistência e preparar o corpo.

Quando eu já estava de pé, me despedindo para sair, a porta foi aberta e vi entrar uma mulher alta, com os cabelos cuidadosamente presos à nuca, num penteado elegante. Numa das mãos segurava uma pasta.

A neurologista que havia desaconselhado a cirurgia de urgência, por entender que não havia mais nada a fazer, estava diante de mim, mas claramente não me reconheceu de pronto. Percebi o momento em que entendeu quem eu era quando o cirurgião falou meu nome e, então, o sorriso inicial desapareceu do seu rosto, agora pálido.

Ela se tornara a médica responsável pelo estudo, aberto por protocolo ainda ao tempo em que estive no CTI, de como eu poderia ter sobrevivido a tudo o que se passou.

A explicação, claro, deveria ser totalmente fundada em base científica, e, aproveitando a minha presença no hospital, ela quis ouvir de mim mesma alguns esclarecimentos para apontar a conclusão esperada pelos colegas.

Quando a consulta com o cirurgião terminou, a neurologista abriu a pasta que trazia consigo e espalhou os papéis sobre a mesa. Em silêncio, lia os relatórios e vez por outra falava alto, mais para si mesma do que para mim: "Isso não tem como encaixar... Hipotermia, hipovolemia, ausência de pulso, pupilas não reativas... Não bate, não. Não pode ser. Apresentava também desnutrição!".

Claramente impaciente, começou a fazer uma série de perguntas sobre os meus antigos hábitos de vida, em especial sobre aqueles dos últimos meses que antecederam o mês de agosto. Por fim, deixando os papéis, me olhou fixamente e perguntou:

— Como você explica estar aqui?

— Estou aqui pela graça de Deus.

— Isso não é resposta – ela cortou com impaciência.

— Para mim é a resposta suficiente – falei com firmeza.

E então completei com um sorriso:

— Se a verdade não atende aos seus objetivos, então você tem um problema para resolver.

Diante do que falei, as perguntas terminaram, mas, enquanto abria a porta, olhei para a médica. Aquela mulher jovem e séria gostava de alardear pelos corredores do hospital a sua condição de ateia, mas agora, ainda sentada, imóvel atrás da mesa cheia de papéis, ela pareceu distante e pensativa. O relatório, eu soube depois, foi encerrado sem conclusão e ainda está em aberto enquanto se aguarda, pela ciência, uma explicação para todos aqueles fatos.

Quando saí da sala de consulta, caminhei pelo corredor e subi ao andar da enfermaria onde havia ficado. Daquele caminho me lembrava bem. Há pouco mais de um mês, tinha percorrido a distância numa maca e entrado na ambulância que me levou para a casa. Quis voltar e rever as pessoas. Precisava agradecer por terem feito por mim muito mais que o salário que recebiam mandava fazer e, acima de tudo, quis conversar com os pacientes das enfermarias. Com a permissão dos responsáveis, pude fazer isso.

Se há tantos anos, ainda uma criança, tinha palavras para confortar os pacientes do meu pai, agora muito mais. Exatamente por ter sido um deles e conhecer o lado da dor, sabia como fazer.

Àquelas pessoas que mostravam rostos contorcidos pelo sofrimento e assustados diante das incertezas, eu contei um pouco da minha própria história. Da melhor forma que era capaz, busquei despertar neles sentimentos de esperança.

Quando estava saindo, encontrei a capelã que fazia parte do grupo do bondoso padre italiano. Perguntei por ele e soube que tinha viajado para a Sicília, mas voltaria em breve. Rapidamente tirei a caneta e o pequeno bloco que sempre trago na bolsa e pedi que fosse entregue a ele o seguinte bilhete:

Provavelmente o senhor não se lembrará de mim porque ajuda a muitas pessoas, mas eu nunca me esquecerei das suas belas palavras de conforto e da oração ao Pai Nosso que fez um dia ao lado da minha cama enquanto eu era paralítica. Hoje, vim visitar a enfermaria que fiquei e, pela graça de Deus, faço isso caminhando por minhas próprias pernas. Que Deus te abençoe agora e sempre, padre.

Antes de chegar à portaria de saída do hospital, ouvi chamarem meu nome.

Uma enfermeira, com o passo apressado, mãos postas sobre o ventre, caminhava na minha direção e, embora não me recordasse do nome dela, sua fisionomia era familiar, sabia que esteve no CTI.

— Meus Deus! Eu vi que você estava morta e agora sai andando, tem cores no rosto e brilho nos olhos, como é isso? – quis saber com a respiração ainda ofegante.

Eu a convidei para tomar um café e juntas atravessamos a rua até uma lanchonete que ela conhecia bem. Depois que tomou alguns goles de água, estando calma, contei a ela detalhadamente sobre os fatos de 17 de agosto e relatei também sobre a oração no último instante. Falei sobre o pedido de terminar com a morte e, depois, sobre aquele que fiz para voltar a caminhar.

— Puxa, você não pede pouco! – falou ela, me olhando sem esconder a surpresa.

— E por que pediria pouco? – perguntei, erguendo as mãos.

E antes que ela pudesse responder, falei:

— Meu Pai é Deus, Ele pode tudo, e através Dele eu também posso.

Enquanto voltava para casa, não deixava de pensar nas expressões dos rostos das pessoas que acabara de ver.

Eu não conseguia saber se tinham dores, sofrimentos ou dúvidas, mas isso não importava, no sentido de que a particular relação delas com Deus se desenvolveria de forma diferente após verem como eu estava agora e ouvirem de mim o relato de como aconteceu. O papel que me foi permitido ficou claro na responsabilidade do testemunho que dei.

Ainda assim, ao reconhecer o brilho de esperança nos olhos daquelas pessoas, fiquei imensamente feliz e agradecida a Deus por me permitir ver as transformações. Foi naquele momento que decidi ajuntar o que já vinha relatando e escrever um livro.

6. Na fraqueza, a força

Era preciso recomeçar. À minha volta estavam os escombros de uma vida que a depressão destruiu.

Durante os anos de caos eu somente conseguia assistir enquanto os ventos de uma tempestade furiosa varriam o mundo que eu havia construído.

Então, me lembrei do bisavô Cosme. Quase cem anos separavam a distância das nossas vidas, mas seu legado de sabedoria me alcançou diretamente.

Cosme, em sua fé inabalável, exortava os descendentes a perseverarem, lembrando que foi justamente a tempestade diluviana que, revolvendo o leito dos rios, fez surgir os diamantes. Sem dúvida, aquele ancestral tirou do episódio da quase catástrofe bem mais que as pedras preciosas.

E à minha própria maneira, após a devastação da tormenta, também encontrei o meu tesouro: Jesus.

A tempestade havia de fato feito uma varredura no mundo que conhecia e, quando as águas baixaram, não me vi pisando em campos. Eu estava no deserto, mas foi justamente naquelas areias, que estavam os meus diamantes.

Saber e conhecer do amor de Deus já é viver o extraordinário. E com essa certeza, a perspectiva com que olhei o deserto à minha volta mudou. No meio do vazio, não vi devastação, eu vi espaço.

A partir de então, não lutei mais para reviver o passado, ao contrário, eu me desapeguei na mente e no espírito. Foi aceitando que a impermanência e a finitude são aliados poderosos, quando aceitos, que deixei as águas do dilúvio varrer o velho e me pus então a construir no espaço que agora tinha.

Comecei limpando os escombros das construções demolidas pela doença.

Quanto à força que precisava ter, me lembrei de quando Jesus foi ao deserto. Ele não estava só e nem perdido, ao contrário, foi na solidão, em meio ao nada que olhou para si mesmo e encontrou forças para fazer o que foi necessário. Jesus sabia que, mesmo ali, Deus estava com Ele.

Me lembrei dos ensinamentos de outro ancestral, Lorenzo. Ele também havia atravessado o seu deserto e, conhecendo, exortou aos descendentes que se lembrassem do cuidado de Deus quando fez surgir água em meio às areias.

Quanto a mim, por conhecer, descansava na promessa.

Agora entendia bem que não importava os erros e tropeços, as falhas e trapalhadas que tivesse feito no passado. Deus cumpriria sua promessa, nunca iria me deixar ou abandonar. Mas quanto à coragem, ao autodomínio e ao espírito de luta, esses seriam atributos que precisava cultivar e desenvolver por mim mesma.

Na vida, nunca teremos maior e melhor oportunidade de mostrar coragem do que quando enfrentamos a nós mesmos.

O processo da morte, como aconteceu, deixou marcas e um trauma profundo. Contrariando o pensamento de muitos de que certas coisas devem permanecer intocáveis, guardadas nas profundezas do subconsciente, Deus preparou a ocasião para que a cura, através do enfrentamento, fosse feita.

Em data muito anterior a esse fato, eu havia lido que o cérebro apaga da memória certos eventos traumáticos instantes antes daquele em que teria acontecido o resultado. Explicaram que esse mecanismo é forma de defesa encontrada pela natureza. De fato, há uma lógica no raciocínio porque, se a lembrança provoca dor, o esquecimento evita sofrer.

Na noite de 17 de agosto de 2014, sabendo o que teria de fazer para pôr fim àquele sofrimento, então insuportável e sem perspectiva de um dia terminar, entendi que precisava pôr fim à minha existência.

Acontece que, mesmo transtornada pela dor, eu amava muito a vida para deixá-la sem sentir e fiquei profundamente triste e numa agonia indescritível.

Foi então que quis ver o céu estrelado, exatamente como havia feito por muitos anos e, quando abri a porta da área do apartamento e ergui os olhos, vi, surpresa, numa alegria amarga que naquela noite, no céu limpo e estrelado, a lua se destacava.

A lembrança da noite de lua clara foi a minha despedida da vida antes de entrar no quarto.

Muitos meses se passaram desde aquele momento em 17 de agosto. Ainda assim, não conseguia mais olhar a lua sem estremecer e abaixar a cabeça. A impressão ruim era tão forte que eu evitava até mesmo pensar sobre isso e mantinha as janelas do quarto fechadas.

Então, aconteceu.

A casa construída pelo meu pai se estendia por um terreno de quase dois mil metros quadrados, e nele duas outras construções davam apoio à principal. Numa delas ficava a despensa.

Me lembro perfeitamente de estar preparando a comida para o meu filho e de ter procurado o óleo e achado o recipiente vazio. Como sabia que ele estava ansioso pelo jantar, abri a porta que dá para o pátio que separa a casa da despensa e, após caminhar uns poucos passos, fixei o olhar no chão de pedra destacado por um brilho incomum. Imediatamente fiquei estática e aterrorizada. Comecei a suar frio na noite quente. É que, mesmo sem olhar, eu sabia que a lua estava sobre mim.

Num primeiro momento, tive impulso de correr para dentro de casa. Mas me forcei a ficar e enfrentar.

A vida inteira eu tive medo. Primeiro foi do mar, depois, dos cavalos, mas sempre nadei e cavalguei. O medo é essencial. Ele põe em alerta, faz ter cuidado e cautela.

No tempo em que estive doente por depressão clínica, não tinha medo de nada.

O sentimento em relação à lua era diferente do medo que conhecia até então, mas precisava ser dominado como os outros.

Deus, por amor, havia literalmente me erguido da morte, mas em Sua infinita sabedoria logo me fez compreender que não me carregaria pela vida. Daquele deserto por onde caminhava, teria que sair por mim mesma, aprendendo a vencer minhas próprias batalhas.

Quando desenhei a imagem da leoa no campo que havia plantado, não estava brincando. Naquela pintura sobre a porcelana, ainda que rude, de traços imprecisos, coloquei um sinal para mim mesma. Eu tinha novamente o espírito de luta.

Leões têm dentes, garras e músculos. A consciência do poder desse conjunto de armas molda a forma como irão lutar e vencer.

O meu conjunto de armas foi firmado na fé em Deus e em mim mesma, ambas de forma racional e consciente. Mas, ao invés das garras, dentes e músculos, meu poder estava na força mental que, sabia, precisava desenvolver e firmar.

As nossas maiores batalhas não acontecem no mundo material, mas, de igual forma, é preciso a ferocidade do leão para vencê-las.

Com clareza, percebi que, durante todo o tempo depois daquele dia em 17 de agosto, eu não estivera fugindo da lua e sim da agonia que sentia pelo que estava prestes a fazer e também pelo que aconteceu a seguir. Sendo aquela minha última visão, os sentimentos ainda estavam lá, gravados na minha mente.

Entendi que de alguma forma ainda estava dentro daquele quarto e que, se não confrontasse esse medo, nunca sairia de lá. Respirando profundamente, me voltei, ergui a cabeça e olhei a lua.

O sopro de Deus, o sopro da vida, que eu havia recebido, foi infinitamente maior e real do que o sofrimento, a agonia e a própria morte. Tudo isso havia passado e, agora que enfrentei, podia esquecer.

Deus faz com que repensemos conceitos, e o fim pode ser o começo.

7. Uma marca soberana

Quando entrei para a primeira consulta com o médico que faria a cirurgia de fechamento das hérnias, levava comigo todos os exames e histórico que tinha recebido ao sair do hospital.

Logo de início, àquele homem pequeno, de brilhantes olhos azuis, eu não disse nada. Propositalmente deixei que lesse os documentos que tinha sobre a mesa. Mas, sentada na cadeira bem à sua frente, eu o observava.

Meu objetivo não era omitir coisa alguma, até porque os exames e histórico que lia revelavam todos os acontecimentos que me levaram até ele. Acontece que eu não queria influenciar ou direcionar conclusões.

Os médicos do pronto-socorro presenciaram e me relataram fatos tidos, por eles mesmos, como inexplicáveis, e agora eu queria ouvir a opinião de um que não tinha visto e nem acompanhado nada daquilo.

Mas à medida que lia, percebi que os olhos do médico se abriam. Vez por outra, levantava a cabeça e me olhava, sério. Sustentando o olhar e procurando manter a máxima serenidade, continuei observando sem dizer nada.

Por muito tempo, ele examinou e comparou atentamente cada documento. Quando finalmente terminou, para minha surpresa, embora num outro tom de voz, fez a mesma pergunta que a neurologista responsável pela explicação científica por eu ter sobrevivido me fez quando precisou concluir seu relatório no hospital do pronto-socorro.

— Estou aqui pela graça de Deus – respondi como havia feito com a médica.

Mas eram pessoas com posicionamentos muito diferentes, aquele homem era um cristão, e sorri quando ele falou:

— Eu não tenho a menor dúvida que esteja viva pela graça de Deus, do contrário, como médico, sei que seria impossível.

Então, ele quis saber em detalhes, e eu contei como tudo aconteceu.

O tempo daquela consulta se estendeu para além do previsto e foi muito mais uma interação entre duas pessoas crentes no amor e misericórdia de Deus do que a conversa geralmente fria e objetiva entre médico e paciente.

Quando me levantei para sair, tinha nas mãos apenas o pedido do exame de tomografia. As perguntas que queria fazer tinham, até então, ficado sem respostas, já que em momento algum liguei meu celular e consultei a lista das dúvidas que tinha separado para expor naquela ocasião. Mas o exame, sendo feito, traria a resposta para o maior e principal pedido que fiz ao médico: a retirada da bala que ainda estava no meu corpo.

Todas as outras questões seriam resolvidas na próxima consulta, a ser marcada quando tivesse o resultado da tomografia.

Agora que havia decorrido o prazo de espera para que os outros órgãos internos cicatrizassem, eu estava determinada a fazer com que o restante também fosse fechado. Ainda que tendo consciência, e também em função dela, que esse processo envolveria uma considerável dor física, agi com toda rapidez que era capaz para que a cirurgia acontecesse logo.

Eu também tinha plena consciência de que o resultado era incerto. Tanto a operação em si quanto a eficácia do fechamento da área ainda aberta dependeriam de uma série de fatores que, conjugados, iriam garantir literalmente a minha vida.

É que a parte a ser fechada era muito extensa, e aquele cirurgião, para quem contei em detalhes os acontecimentos do dia 17 de agosto, foi o terceiro profissional a quem havia submetido o meu caso.

O primeiro médico, analisando os dados que tinha em mãos, de início se decidiu por operar, mas, a partir do momento em que procedeu ao exame clínico, vacilou diante da complexidade e extensão da área. Por consequência da pouca confiança que mostrou, eu me decidi a não insistir que realizasse a cirurgia.

O segundo, também alegando as dificuldades da intervenção, logo se declarou incapaz, mas, extremamente interessado em me auxiliar, ainda na consulta pegou seu próprio celular e ligou diretamente para o colega a quem julgava apto para a causa. Esse foi o cirurgião com o qual havia acertado tudo.

Agora, já na clínica para realizar a tomografia, eu aguardava a minha vez de ser chamada.

Quando o auxiliar técnico, um homem jovem e corpulento, falou meu nome, o acompanhei até a sala de exames e me deitei na longa esteira da máquina. Com os braços cruzados sob a cabeça, estava tão tranquila que adormeceria, não fosse a voz do médico, pelo microfone, pedindo de tempos em tempos para que eu prendesse a respiração. Logo aquela fala metálica tomou um tom mais humano quando disse:

— O exame terminou, não tente se mexer. O auxiliar trará a cadeira de rodas – avisou a voz.

Num primeiro momento não compreendi o motivo daquela fala e pensei que devia estar havendo algum engano. Assim, quando vi o mesmo homem que havia falado meu nome entrar empurrando uma cadeira de rodas, levantei e agradeci o que pensei ser uma gentileza.

— Mas o que é isso!? – ressoou a mesma voz que há pouco dizia as instruções.

Olhando em direção à cabine da sala, vi quando a porta foi aberta e de lá saiu o médico.

— Você não pode estar de pé, eu acabei de ver – completou, sentando ele mesmo na cadeira de rodas.

— Eu não posso? – perguntei surpresa pela reação – claro que posso, você não está me vendo de pé?

O médico me olhava em silêncio, pálido. E foi com voz apagada que informou que o exame tinha acabado.

Desci as escadas da clínica tentando imaginar o que havia acontecido e, antes que pudesse chegar a uma conclusão, meu celular tocou. Era o médico, dessa vez o que faria a cirurgia e havia pedido aquele exame.

Acreditando ser apenas uma coincidência, eu o cumprimentei alegremente e então ele falou, muito sério:

— Você terá que voltar para um novo exame. O colega acabou de me ligar.

— Por que isso? – eu quis saber, agora realmente confusa com tudo aquilo.

— Paola, você pode vir ao meu consultório agora? Precisamos conversar.

Assim que cheguei, ele explicou: a bala da espingarda, estilhaçada em meio a duas vértebras da minha coluna, havia rompido os principais feixes de nervos daquela área.

Foram as imagens dessa grande e irreversível lesão que, aparecendo no exame, fizeram com que o médico pedisse a cadeira de rodas.

— Entendi agora a reação que ele teve – falei calmamente – então vou voltar lá e explicar que Jesus me deu a graça.

O cirurgião sorriu e, apertando os lábios, abaixou a cabeça. Vi que pelo seu rosto desciam lágrimas. Então, também fiquei emocionada lembrando do dia mais feliz da minha vida: o dia em que Jesus me livrou dos sofrimentos presentes e futuros e quis que eu voltasse a caminhar sobre a terra.

— Paola, você precisa voltar para repetir o exame. Dessa vez outros médicos estarão lá, mas nenhum deles te dará uma declaração de milagre.

— Doutor, não é por vontade humana que estou aqui, e um milagre se faz pela vontade de Deus. Palavras num papel não vão mudar isso.

No dia seguinte voltei à clínica, e, dessa vez, quatro médicos me fizeram subir até a cabine e, da tela de vídeo conferência, me apresentaram a outros dois que acompanhariam o procedimento.

E como havia acontecido no exame anterior, no momento em que me levantei, as pessoas na sala vieram em minha direção e ficaram observando em silêncio enquanto eu me afastava caminhando. O laudo, entregue daí a uns dias, ironicamente, pela negação, foi por si uma declaração de um agir sobrenatural, já que justificava o fato de eu conseguir caminhar como sendo uma "anomalia". Novamente, saindo da clínica, fui ao consultório do médico para que se inteirasse daquele resultado.

Com o exame aberto sobre a mesa, o cirurgião olhava as imagens:

— Tenho que te dizer, eu não vou tocar nesse projétil.

— Por que não vai retirar a bala?

— Porque o Médico dos médicos já agiu sobre ela. Não há necessidade de fazer nada.

Eu concordei.

Jesus havia curado paralíticos de nascença e, ainda que não fosse esse o meu caso, Ele decidiu pela cura. O que me deixou pasma foi a forma como escolheu fazer isso.

Num pensamento humano e lógico, mesmo que fosse possível promover a reabilitação de alguém com aquelas lesões, a cura pela medicina passaria necessariamente pela reconstituição das vértebras estilhaçadas. Esse é o raciocínio óbvio e é o que eu tinha capacidade de desenvolver buscando a solução de um problema como aquele.

Deus, mais uma vez, deixou claro o quanto a lógica é limitativa e enganosa. Acima de tudo, a Sua grande lição de um amor que não conhece limites já era, por si, uma graça.

Com um ânimo excelente, foi em meados do mês de maio que fiquei sabendo pelo escritório do plano de saúde em qual dos hospitais faria a cirurgia. Após passar o endereço, a telefonista quis ainda ajudar fornecendo uma referência.

— É o antigo hospital Santa Lúcia, conhece? – falou.

Sim, eu conhecia bem. Aquele foi o segundo hospital que pertencera ao meu pai.

Como num *flash*, me lembrei de um dia há muitos anos em que, caminhando juntos, em meio a uma grande construção recém iniciada, ele me mostrou, com alegria, o Santa Lúcia.

Coincidências não existem, e assim não pude deixar de pensar que, pela vontade de Deus, meu pai terminara a vida num dos hospitais que fundou e eu faria a cirurgia que poderia significar o começo da minha em outro.

Como sabia sobre a invariável rotina dos hospitais, no dia marcado para acontecer a cirurgia cheguei com algumas horas de antecedência.

Passados tanto tempo, eu ainda me lembrava daquele lugar. As paredes tinham outras cores, os equipamentos e móveis foram substituídos, mas havia um aspecto em tudo aquilo que jamais iria mudar: as pessoas.

Na portaria, preenchi a documentação e, livre para fazer o que quisesse, tomei o rumo da enfermaria. E foi então que pela primeira vez em mais de duas décadas, voltando aonde não pensava, conversei com os pacientes exatamente como havia feito ali antes.

Sob outras circunstâncias, a jovem Paola caminhara entre pessoas aflitas e tentava dar ânimo a elas por meio das palavras que dizia e principalmente as deixava dizer. Muita coisa havia mudado, mas a essência continuava a mesma, como se eu tivesse nascido para estar ali, não como uma médica, como queria e esperava meu pai, mas como uma pessoa que compreendia as dores humanas e, de forma diferente do que ele fazia, tentaria também diminuí-las. Era uma outra forma, e também era cura.

Os elementos que marcam a fragilidade humana são atemporais. A ansiedade e o medo sempre estarão presentes quando a brevidade da vida é posta em questão. Mas naquele dia, sem pensar ou temer que estaria daí a pouco eu mesma numa sala de cirurgia, como paciente, senti a paz crescer em mim à medida que via sorrisos e o brilho da esperança nos olhos daquelas pessoas.

As palavras que eu disse, falei acreditando, e elas retornaram a mim como a própria esperança.

Enquanto retirava as minhas roupas e colocava a indumentária para entrar no bloco cirúrgico, comecei a orar. As lembranças dos extraordinários acontecimentos daquele último ano estavam tão vivas na minha memória, que toda a oração foi feita de um único pensamento, eu agradecia a Deus.

Sabia que as próximas horas seriam decisivas. Mas, principalmente e com toda a confiança, sabia que estava nas mãos Dele e estava descansada.

Pegando o celular, escolhi o vídeo em que a Ana Paula cantava o louvor *Te Agradeço, meu Senhor*. Num instante, sua voz forte ecoou por toda a sala, e eu me lembrei do dia em que nos conhecemos. Aquela amiga, tão destemida e firme na fé, agora morando em outro continente, sabia muito bem o quanto uma palavra salva, porque ela mesma soube me dizer.

Ao final do louvor, próximas à porta, duas enfermeiras me olhavam sorrindo, com as mãos juntas em adoração a Deus.

Entrei no bloco cirúrgico com passos firmes. Naquela manhã, em maio de 2015, estavam presentes e participando da operação duas médicas da equipe que me atendeu em 19 de agosto de 2014, quando entrei no pronto-socorro.

Quando o anestesista avisou que iria começar o procedimento, assenti com a cabeça. A cirurgia terminou por volta das quatorze horas, e, no final daquele mesmo dia, me levantei e caminhei pelo quarto. Na manhã seguinte, tive alta hospitalar e fui para casa.

Então, comecei a orar.

O médico já tinha avisado que todo o procedimento, para ter sucesso, dependeria do tratamento do seroma que viria a seguir.

O seroma é um acúmulo de líquidos, misturados ao sangue, que se forma após as grandes cirurgias, e aquela foi uma intervenção em área extensa. Tinha, portanto, previsibilidade de acontecer.

A minha oração foi no sentido de que não acontecesse. E quando, após uma semana, percebi os sintomas da complicação, compreendi que Deus decidira que eu deveria passar pelo que viria.

Os pontos ainda não haviam sido retirados quando voltei ao hospital. Ali, o médico quis conversar antes de iniciar o procedimento e explicou detalhadamente a decisão que tomou de não ter colocado dreno durante a cirurgia. Segundo ele, isso acarretaria um risco maior de infecção, sendo que o seroma já era, por si, um risco. Foi preciso agir, e sem demora.

A confiança inicial que tive naquele médico se manteve. Compreendendo e sem discutir, concordei que fizesse o que julgasse necessário.

A anestesia local, ele explicou, impediria apenas que eu sentisse a introdução da grossa agulha, diretamente sobre os cortes da cirurgia, mas não seria capaz de tirar a dor quando a punção em si, começasse. Isso exigiria minha cooperação e autocontrole.

Numa fração de segundos, o tempo parou enquanto estava em frente à entrada do bloco cirúrgico. Olhei a mesa, as luzes, os instrumentos e senti o sangue gelar.

Eu sinceramente não tinha coragem para enfrentar tudo aquilo. Minhas pernas tremiam, e um suor frio escorreu pelo meu rosto e mãos. Tinha a respiração ofegante.

Comecei a conversar com Deus.

Deus havia me dado a graça da vida e do caminhar, mas não atendeu ao pedido que fiz de me livrar daquela dor. Não consegui deixar de pensar. Ele havia, inquestionavelmente, jogado por terra o conceito de dois limites: a morte e a paralisia.

Seguindo a linha de pensamento de que se fez tanto, me livrar do seroma seria risível perto das duas outras graças. Mas eu já sabia que essa lógica não funciona com Deus. Aquele sofrimento físico pelo qual teria que passar foi um teste. Mas não para Ele, e sim para mim. Novamente eu tinha de confrontar meus próprios medos.

Enfrentar ou correr era opção minha.

Recostada no beiral da porta, na entrada do bloco cirúrgico, em pensamento voltei àquela noite de 17 de agosto.

Me lembrei da tristeza e da angústia por estar perto do fim, deixando a vida que sabia tão bela e, no meio daquele caos de dor e morte, senti o amor que Deus tem por mim. Ele não desistiu quando eu mesma desisti, mas agora que conhecia aquele amor, eu não entregaria o presente que havia recebido, eu não desisti.

Eu não desistiria de mais nada, porque tinha a certeza de que, em Deus, posso tudo.

Endireitando o corpo e me colocando em postura reta, em espírito, agradeci ao Senhor e caminhei para a mesa de cirurgia.

Ao todo, passei por cinco sessões, uma por semana, e em cada uma delas eu sentia minhas pernas tremerem já quando avistava o corredor do bloco cirúrgico. Mas, ainda assim, fui.

Nos dias entre os procedimentos deixei os analgésicos de lado. O objetivo da forte medicação seria, cortando a dor, cortar também a ansiedade, já que uma alimenta a outra e ambas são nefastas.

Esse raciocínio eu conhecia por ter presenciado meu pai e meu avô ponderando sobre eles. E me lembrando das desvantagens que apontavam, decidi fazer diferente. Voltando às minhas pinturas e à oração, consegui controlar ambas.

Não pude deixar de notar que o tremor nas minhas mãos, provocado pela dor e visível enquanto segurava a xícara de café, desaparecia gradativamente à medida que me concentrava na pintura e estendia minha conversa com Deus.

Contei ao cirurgião sobre o que estava fazendo e do resultado. Animado, ele aprovou, dizendo ser esse o melhor comportamento para a recuperação.

Daí a algumas semanas, após ouvir do médico que estava livre do seroma, peguei meu carro e, com os vidros e o teto solar abertos, fiz o caminho de volta escutando *Aleluia*. Sentia agora o vento nos cabelos e o sol diretamente nos meus olhos. Quando me aproximei da lagoa, na região onde morava, desci e caminhei por algum tempo. Depois, fui me sentar na grama, próxima a um conjunto de pedras.

Enquanto conversava com Deus, observei que, a alguns passos de onde estava, haviam três árvores plantadas uma ao lado da outra, mas uma delas, a do meio, destoava das demais. Suas folhas haviam caído de todo, e o tronco, ainda grosso, começava a rachar bem na base. Sem dúvida aquela árvore estava morta.

Eu sorri.

Já tinha visto o agir de Deus e sabia muito bem que Ele não conhece o impossível. Também sabia e confiava que poderia pedir tudo a Ele que, querendo, agiria e transformaria. Assim, pedi que desse vida novamente à árvore morta.

Já era quase noite quando voltei para casa.

Durante aquele último ano eu estivera tão vulnerável, que tinha plena consciência de que o fim poderia estar próximo. Dos médicos, profissionais capacitados, tornei a ouvir a série de complicações a que estava sujeita enquanto aguardava o tempo certo para a cirurgia.

Receosos do impacto que as palavras teriam sobre mim, dividiram os riscos e as ínfimas probabilidades de sucesso por período. Primeiro eu deveria vencer as etapas de cada dia antes da intervenção e, se conseguisse ultrapassar essa fase, o que seria pouco provável, ainda teria a cirurgia em si e as certeiras complicações que viriam depois, como de fato vieram.

Como no tempo em que estive no pronto-socorro, eu ouvia sem dizer nada a respeito daqueles prognósticos ditados pela ciência, mas era no silêncio que, conversando com Deus, Dele recebi o comando de descansar e aguardar.

Eu estava segura. Queria viver e lutava da melhor forma que podia para conseguir isso. Na verdade eu estava sob obediência e, por isso, tranquila. Tinha a certeza de que, acontecesse o que acontecesse, Deus estaria comigo e, assim, não poderia estar melhor.

Enquanto descansava, uma amiga cristã, que não via há algum tempo e que estava morando na França, sem saber do que se passava comigo, disse que havia recebido do Espírito Santo uma mensagem para mim e enviou o seguinte texto:

Quando você atravessar águas, eu estarei com você. Quando você atravessar os rios, eles não o encobrirão. Quando andar através do fogo, não se queimará. Pois eu sou o Senhor, o seu Deus, o Santo de Israel, o seu Salvador.

Essa promessa, como todas as promessas de Deus, se cumpriu.

Aqueles obstáculos, frente aos quais percebi o brilho da incerteza nos olhos dos médicos, caíram como peças de papel, conforme a vontade do meu Salvador se manifestava e foram todos superados.

E certa vez, após contar a uma pessoa conhecida o meu testemunho a respeito das graças e vitórias recebidas, ouvi o seguinte comentário:

— Incrível! Estou vendo que Deus gosta mais de você do que de mim.

Aquelas palavras mostraram desconhecimento, mas não malícia. A pessoa, de fato, estava enciumada por achar que tive um tratamento excepcional por parte do Todo Poderoso. Querendo mostrar a ela o equívoco do seu raciocínio, perguntei:

— Você já fez quantas cirurgias?

— Eu? – ela me olhou quase indignada e só então, falou – Ora, nenhuma!

Eu já sabia da resposta porque conhecia sobre ela, mas precisei pedir para que olhasse para a própria vida. Então, completei:

— A me basear pelo seu raciocínio, Deus gosta mais de você do que de mim, já que a você Ele poupou de ter o corpo cortado, enquanto que a mim permitiu que eu passasse por três cirurgias, ou seja, Ele te livrou dos perigos antes mesmo que se tornassem reais.

A conhecida me olhou em silêncio. Muito séria, pensava sobre o que acabara de ouvir e então, com os olhos brilhando, sorriu satisfeita. Quando falou, seu tom de voz exuberante mostrou a felicidade que sentia:

— Sim! Deus me ama. Eu passei por perigos e nem fiquei sabendo, já você sofreu horrores por nada.

Sem querer discutir a simplicidade daquele raciocínio, eu sorri.

Ainda ao tempo de criança, já ouvia meu pai dizer que a dor é uma aliada e é essencial à sobrevivência. A dor serve como alerta de que alguma coisa não vai bem e funciona como um alarme para que providências sejam tomadas.

O romano Júlio César relatou que os inimigos que venceu com mais facilidade foram aqueles que o subestimaram.

Não pode imaginar o quanto é frágil aquele que se julga forte.

A questão é que nem sempre a dor física, embora real, seja a origem. Ela pode ser o reflexo.

Em princípios de 2012, quando fiz os exames de imagens por conta das dores que sentia, e absolutamente nada foi detectado, fiquei confusa e envergonhada. Temendo o ridículo e me acreditando forte, decidi ignorar aquele inimigo, confiando que poderia viver normalmente.

Se a depressão clínica pudesse falar comigo, sem dúvida tomaria a fala de César.

8. Após o deserto

Eu havia atravessado o deserto. A partir de então, ainda enquanto caminhava, o Espírito Santo permitiu que eu enxergasse toda a travessia numa perspectiva diferente.

Sob a visão materialista, o mundo oferece tantos e tão diversos prazeres, que se torna incompreensível e inaceitável rejeitar qualquer deles.

Ainda sob a mesma visão, é incentivada a luta feroz, indiscriminada, na maioria das vezes sem considerar a liberdade e a vida do próximo, sendo, portanto, tudo válido e permitido, desde que se alcance o sucesso e a vitória a todo custo.

O suicídio é, por essência, a prova máxima de que somente essa oferta, baseada no materialismo, não vale absolutamente nada.

Quando alguém põe fim à própria vida, também está enviando a mensagem clara de rejeição e tornando expressa a insuficiência oferecida pelo mundo.

E então esse comportamento precisa ser posto no silêncio. É mais conveniente, para que a ordem desse mundo seja mantida, sepultar. É preciso manter a letargia, a inconsciência. Do contrário, se começaria a pensar.

Assim, é melhor que os mortos levem consigo seus gritos de dor, suas perguntas e sonhos, ainda que deixem para os que ficam os mesmos gritos, dores e perguntas.

Mas e se fosse permitido a um morto falar e essa pessoa dissesse que o modelo vazio, enganador e mentiroso é uma armadilha preparada para levar multidões ao abismo?

Se pudesse ser dito que, mesmo sendo o mundo material, palpável, ele na verdade é uma ilusão e o que se acredita ser vida é, ao contrário, morte?

E, o mais importante, se fosse dito que, mesmo sendo nós ínfimos pontos, menores que o menor dos fragmentos de uma partícula cósmica e que, ainda assim, somos, na individualidade, considerados como tendo importância maior que o próprio universo?

Num primeiro momento tais afirmações seriam um paradoxo, pois são, pela lógica humana, contraditórios.

Mas esse desafio ao raciocínio já foi feito, e não por um morto.

Deus é também o Deus dos absurdos.

Num tempo em que as habilidades na guerra, o matar, era a referência máxima de eficiência e que o sucesso era medido pelo número de oponentes abatidos, Deus afirmou diametralmente o oposto: que devemos amar nossos inimigos.

Quando se acreditava serem sinônimo de magnificência as vestes de ouro e seda, Deus apontou a uma delicada flor que supera tudo isso.

Quando se esperou ver o Rei chegar sobre o trono, Ele nasceu numa manjedoura.

E quanto a mim, como muitos outros, também estou sob o absurdo e o mistério de Deus, porque foi Ele quem permitiu que uma pessoa, um dia sem esperança alguma e morta, voltasse para falar justamente em esperança e em vida.

De fato, se formos pensar, Deus assusta. Assusta porque nos faz ver o quão grande é o nosso engano e limitada a avaliação que fazemos entre o que é preciso de fato e o que apenas brilha.

Assusta reconhecer que nossos castelos construídos sobre a areia não sejam firmes o suficiente para resistir às tempestades que virão.

A verdade exposta nos choca tanto porque nos faz encarar nossa própria finitude.

Diante dos nossos enganos e equívocos, reconhecendo a fragilidade, gritamos, e o grito mais alto é aquele dado para dentro. É o grito silencioso, o grito abafado. Ele faz explodir o coração e implodir o cérebro. A esse grito silencioso – a morte silenciosa – dão o nome depressão.

Nunca na História da humanidade estivemos tão próximos. Jamais houve tanta oportunidade de comunicação, e a verdade exposta é alarmante. Existem milhões de pessoas que estão gritando no silêncio, e outras mais que já esperam na fila.

Expondo a própria carne, deixam patente a confusão que sentem diante do vazio da vida que o modelo racional e material oferece, mas não preenche.

É então preciso voltar às origens e beber da água na fonte.

É preciso aceitar que não somos eternos. Pela matéria – que é a carne – o mais próximo que podemos chegar da eternidade é passando nossos genes; e pelo intelecto, é através do legado de uma vida bem vivida.

É preciso aceitar que nenhum de nós sairá dessa jornada da vida com vida. Que a perfeição não está entre as metas que podemos alcançar no mundo.

Precisamos ser mais humanos e menos onipotentes. O infinito não nos pertence.

Quando a carne for pisada, é preciso gritar – para fora – sem medo do ridículo.

Muitas vezes, o pai da vitória se chama fracasso, e, se ambos tiverem permissão de entrar na nossa vida, é preciso agradecer a Deus pelo presente.

Não há vergonha, nem incompatibilidade, no pensar e agir conscientemente e ainda assim nos reconhecermos totalmente dependentes de Deus.

Um dia, por meus próprios erros e equívocos, caí pela ignorância em relação à doença, e ainda assim Deus me resgatou das profundezas daquele abismo.

Não existem perdidos para Deus. Não há onde o Resgatador não alcance.

Sou grata por ter sido forjada nas areias do deserto, porque foi nele que Deus se revelou.

9. A glória a Deus

Nos anos seguintes a 2014, enquanto retomava minha carreira, estudei profundamente a respeito da depressão clínica.

Conheci pessoas, tanto as que lutavam para sobreviver quanto as que se propunham a auxiliá-las nessa luta e eu me tornei uma delas. Tinha atravessado o deserto e saído dele, sabia que poderia ajudar.

Numa das conversas que tive com a pessoa que se tornou minha amiga, e que pela profissão já auxiliava pacientes em depressão clínica, comentei a respeito das anotações que vinha fazendo. Ela me conhecia do tempo em que estive no hospital e, depois de ler o que escrevi, também entendeu que eu poderia ajudar muito mais se levasse à frente a ideia do livro. Essa seria uma boa maneira de estender minha participação além dos grupos que atuava.

Como eu sempre usava o termo após o deserto, minha amiga sugeriu, muito séria, que aquele título seria adequado à história toda. Então, esclareci que esse título merecia um capítulo, que de fato, para ter coerência, precisava contar partes da minha vida, do declínio, a luta e a força que precisei para superar e, assim, retomar, seguir pelo caminho. Mas, se dissesse só isso, estaria ressaltando e dando crédito unicamente ao que fiz. Não haveria sinceridade se fantasiasse.

Na verdade, eu não era heroína de coisa alguma, e expliquei que contaria a história toda, mas da forma como aconteceu integralmente.

A consciência dos horrores da depressão, bem como a luta fria e calculada, a princípio, seguida da exaustão e desistência, estavam bem frescas na minha lembrança, como também estavam os detalhes de tudo o que fiz e aconteceu em 17 de agosto, e eu sei que não saí viva daquele quarto.

Em algum momento, exausta, após tanto tempo de luta, caí e desisti. Teria ficado lá e o deserto seria a minha sepultura se, pela graça, Deus não tivesse feito com que me levantasse, e o que fiz foi agarrar aquela nova oportunidade.

Nunca me esqueci e tinha viva na lembrança aquele momento quando, no CTI do pronto-socorro, o médico e a enfermeira, tentando explicar como meus batimentos cardíacos voltaram, disseram as palavras: "Foi como um sopro... o sopro de Deus".

Se não fosse o sopro de Deus, mudando a minha história, eu jamais poderia contá-la.

Não se trata de delírio religioso, mas sem dúvida é a consciência e aceitação de que uma força sobrenatural agiu e transformou morte em vida. Essa era a verdade, ainda que não tivesse a capacidade de explicar.

Uma das grandes armadilhas da lógica é pretender ignorar o que não pode ser explicado.

Há um mundo perceptível pelos sentidos do corpo, mas existe um outro, infinitamente maior, que também pode ser visto e vivido, desde que se façam cair as amarras do comum.

E agora eu estava livre, livre para fazer o que quisesse.

Saindo de casa a pé, fui caminhar. Queria estar só, com Deus. Assim, segui pela orla da lagoa até a praça e, na parte mais alta, me sentei na grama no exato lugar em que havia estado quando ouvi do cirurgião que o seroma tinha sido curado.

Então, o insistente barulho de um pássaro chamou minha atenção e, erguendo os olhos, notei que um ninho estava sendo construído na árvore que um dia vi desfolhada e morta.

Perplexa, me levantei de imediato e apurei o olhar. Sobre os galhos vi que começavam a brotar novas folhas. A árvore tinha voltado à vida.

Pegando meu celular, fotografei.

10. Um tão grande amor

A primeira vez que ouvi alguém dizer que Deus, por ter me poupado, exigiria a minha vida como pagamento ainda estava no pronto-socorro e foi um dos médicos quem me disse isso.

Como chefe de equipe e médico há vinte e três anos, ele sem dúvida tinha visto muitas coisas e sempre fazia questão de explicar detalhes a respeito de alguns dos fatos que eu não conhecia e nem tinha como saber.

— Foi tentado de tudo com você, adrenalina, soro aquecido, noradrenalina, tudo. Eu presenciei, estava lá – dizia ele, movimentando o braço, agitado – E tem mais, aquela bala atingiria seu coração em cheio se uma mão poderosa não a tivesse desviado.

A situação ficou tão estranha que, a um tempo, eu mesma disse:

— Não precisa se justificar. Eu sei que tentou e sei o que eu fiz. Sobreviver teria sido impossível para mim e para qualquer pessoa.

Acontece que, por ser diária, aquela conversa acabou por me desconcertar. Após ouvir, eu ficava por muito tempo, com esforço, falando a respeito dos meus próprios atos. Queria que ele soubesse que reconhecia ser minha, e não dele, a responsabilidade pelo que acontecera, e, quando acreditava ter explicado o suficiente, o médico retornava com o mesmo assunto.

Invariavelmente, antes de se afastar, ele me olhava e dizia:

— Deus agora quer a sua vida.

Eu tentava sorrir e, por alguns momentos, trocávamos os papéis, porque era eu quem, serena, tentava acalmá-lo.

Depois, enquanto estava me recuperando já em casa, ouvia em silêncio muitos dos que sabiam dos fatos falar da mesma forma como se eu tivesse um destino a cumprir.

175

Eu não entendia daquela maneira.

Estamos tão acostumados ao mundo, que somente funciona à base da troca, que ficamos cegos ao verdadeiro amor, que é desinteressado e pleno.

A verdade é que não há nada que possamos dar a Deus que Ele já não tenha.

Não duvido nem por um instante que Deus se manifestou quando invoquei o Seu nome e, atendendo às minhas súplicas, tenha derramado sobre mim graça sobre graça. Eu conhecia muito bem o limite da fronteira do possível e sabia também que todas essas barreiras foram postas abaixo por Sua vontade soberana.

Mas o favor recebido, a graça, não veio por troca alguma.

A graça não é uma sentença a ser cumprida. É amor incondicional, e, ao contrário de fazer escravos, criaturas submissas, Deus torna as pessoas livres.

Foi exercendo essa liberdade que eu me decidi então ao batismo das águas. Compreendia a seriedade da decisão. Sabia que agora, verdadeiramente, me tornando cristã, entregava não apenas minha vida presente, mas também a futura, com minha alma imortal, a um único Senhor. E eu sabia também que Jesus não me rejeitaria, pois fora exatamente pela vontade Dele que eu agora caminhava na terra com meu corpo físico e pude, por minha vez, escolher livremente caminhar também no sentido espiritual.

Tomar sobre mim a minha cruz teria muitas implicações que, sabia, não seriam fáceis, mas havia a certeza do sempre tão grande amor de Deus, e nenhuma satisfação que tivesse ou pudesse ter se equiparava a essa certeza.

Há quase dois anos eu me reunia semanalmente a cristãos na casa do pastor Márcio Valadão e ali o ouvia falar palavras cheias de sabedoria, numa interpretação bíblica livre de contradições e firmada no entendimento de que a salvação de fato e em verdade é dada única e exclusivamente por Deus através de Jesus.

Essa era a certeza que sempre tive, e com ela, pela primeira vez, quis congregar em uma Igreja. Já havia passado muito tempo desde o dia em que eu, menina, me revoltara contra a exposição da imagem de um Jesus derrotado pela morte na cruz e ousara dizer isso a um Bispo. A partir de então, nunca mais participara de missas, preferindo adorar a Deus em reservado.

Agora, poderia mudar isso também e me reunir com os que acreditavam no que eu acreditava.

Com alegria, fui até a sede da Igreja Batista da Lagoinha e expressei o desejo de me tornar cristã. Recebendo o livro de estudos, me preparei e, numa tarde de sol, entrei nas águas. Ali, orei a Deus Pai, ao Filho e ao Espírito Santo e confessei publicamente Jesus como meu Senhor e Salvador.

Quando olhei para o alto, feixes de luz saíram das nuvens, como que formando uma cortina que descia diretamente sobre a água em que eu estava e, por instantes, tive a forte e maravilhosa impressão de que podia nadar no céu de azul infinito.

Fora Deus, meu Pai de amor e misericórdia, quem preparou aquele momento. Foi Ele quem permitiu que, viva, eu fizesse a escolha de entregar essa vida a Jesus.

11. Sobre o abrigo do Altíssimo

Enquanto reiniciava a carreira na advocacia, vi surgir a oportunidade de realizar um antigo sonho.

Durante os anos que antecederam a depressão, eu havia sistematicamente afastado toda e qualquer ideia de continuar os estudos. Aquele foi um dos muitos desejos que sacrifiquei em troca da imaginária segurança que pretendia alcançar com o trabalho árduo e contínuo, ainda que não gostasse da vida que levava.

Consciente, eu me despedi do que era preciso despedir e deixei que outro ciclo começasse.

No novo espaço daquele mundo em construção, não cometeria o mesmo erro de tentar abafar os meus sonhos.

Um sonho é um ideal a ser cumprido, e a lição de Deus é clara: não há nada grande o bastante que não possa ser conquistado.

E assim eu me candidatei a uma bolsa de estudos numa instituição estrangeira. Se conseguisse, aquele doutorado seria um passo decisivo na direção de exercer o trabalho no ramo do Direito Humanitário. Além do mais, o intercâmbio me permitiria conhecer profundamente outra cultura, pensamentos e pessoas que já estavam nessa área.

Escolhi disputar a bolsa oferecida por uma universidade na Argentina. Ali não estavam apenas reunidas grandes personalidades do Direito Internacional, como também, dentre todos os outros, era por aquele país que eu tinha um apreço especial. Eu conhecia a Argentina desde criança, quando das viagens que fazia com o meu pai.

Após preencher as quinze páginas da proposta e apresentar a tese, aguardei o comunicado do Instituto que, no Brasil, representava a universidade.

Quando fui chamada para e entrevista de admissão, que aconteceu daí a algumas semanas, tive a oportunidade não apenas de ser confirmada na bolsa, como ainda em ter a presidente do Instituto como minha orientadora no Brasil.

Quando as asas são dadas por Deus, é preciso voar sem medo.

E se muitas vezes usei essas asas para buscar refúgio e proteção no abrigo do Altíssimo, o cuidado Dele não se estendeu somente a mim.

Numa manhã calma de sábado, notei que meu filho estava apático e, mesmo ele tendo afirmado estar bem, discretamente fiquei observando seu comportamento. Não pretendia influenciar e muito menos alarmá-lo, mas as mães conhecem seus filhos.

No final da tarde ele teve uma leve febre, que controlei com a medicação indicada pelo pediatra. Mas quando, já noite adiantada, começou ele a vomitar, sem dar ouvidos aos protestos que fazia, o levei ao hospital.

Era a gastroenterite, e o socorro médico foi mesmo necessário. Do contrário, corria risco de vida.

Tentando confortá-lo, fiquei em pé ao lado da cama, e juntos oramos. Mas, ainda assim, como era natural para uma criança, pude ver em seus olhos o medo que sentia. Ele nunca tinha sido internado em um hospital antes e, sabendo que a agitação, provocada pelo temor, não era boa, comecei a distraí-lo de forma que focasse mais o pensamento nas histórias que eu contava e menos no cateter fixo em sua mão.

E de tudo o que falava, a história do Duque e do gato era a que ele mais gostava.

— Mãe, conta outra vez. O Duque era mesmo mais esperto que o gato selvagem? – quis saber.

— Mas é claro que era!

E assim, contei outra vez a passagem que ele já sabia muito bem, mas nunca se cansava de escutar. Depois, o assunto favorito era Rick Pernambuco. Aquela madrugada passei contando as histórias que ele pedia e muitas outras.

Ainda estava escuro quando meu ex-marido chegou para assumir o novo turno à cabeceira do filho, e, como só era permitido um acompanhante, me retirei para uma ala próxima.

Com o hospital praticamente vazio, tive tranquilidade para conversar com Deus e naquela oração recebi Dele a certeza de que naquele mesmo dia meu filho voltaria para casa, curado.

Mas a tranquilidade que sentia foi súbita e fortemente interrompida. O estado de paz, substituído pela agonia e dor. Alerta, eu me levantei de um salto e caminhei rumo à portaria do hospital.

— Não convém que saia sozinha no escuro, a região é perigosa – era o segurança me avisando.

Eu olhei para ele e, sem responder, continuei caminhando, abri a porta e saí. Imediatamente pude sentir no rosto o vento frio da madrugada.

Parada no meio da rampa de entrada do hospital, eu apenas observava, sem entender o que acontecia, ainda. Mas notei, estarrecida, a alta velocidade com que os ônibus desciam a avenida no final daquela rua.

Com os olhos, vasculhei a escuridão, aguardando como um sentinela e, então, ouvi o barulho de passos. A agonia ficou mais forte e consegui identificar de onde vinham a dor e o desespero.

Descendo a rua, um homem, completamente embriagado, lutava para se manter em pé. Suas roupas, imundas e esfarrapadas, os cabelos em desalinho e a barba comprida deixavam à mostra sua triste condição de morador de rua. Mas foi em seus olhos que identifiquei a angústia e a dor, a dor que havia me chamado de uma maneira tão irresistível, a dor que eu conhecia.

Olhando fixamente naqueles olhos que gritavam no silêncio, compreendi por que precisei sair tão apressadamente. Ao final da rua que o homem descia, estava a avenida onde instantes antes eu havia reparado nos ônibus que desciam em alta velocidade. De maneira determinada, me coloquei entre o homem e a avenida. Já em oração, caminhei até ele.

— Vamos tomar um café? – perguntei.

Como que saindo de um estupor, ele me olhou, perplexo. As palavras que eu disse tiveram tal efeito, como se tivesse jogado um balde de água gelada em seu rosto.

— Eu vou... – ele disse com voz fraca.

— Sei aonde você ia, mas não vai mais – interrompi.

E me aproximando, segurei em seu braço e o fiz sentar no meio fio, então completei:

– Olha, não sei explicar, mas agora há pouco eu estava dentro daquele hospital com o meu filho e Deus me arrancou de lá. Acredite, Ele não quer que você faça isso.

Literalmente vi aquele homem desabar num choro convulso. Enquanto seu corpo tremia, eu o abracei para evitar que perdesse o equilíbrio e deixei que chorasse à vontade. Aquelas eram lágrimas de cura.

Quando os primeiros raios de sol despontaram, ele conseguiu me contar a sua história.

Era um fazendeiro e sobrinho-neto de um homem que fora presidente do Brasil. Casado com uma médica, tinha um filho adolescente. A vida era perfeita, segundo suas próprias palavras, até que a depressão a destruísse. Desesperado, refugiou-se no álcool e, abandonando a família, foi para as ruas, até que, naquele dia, decidira pôr fim ao sofrimento, mas instantes antes havia pedido a Deus que o livrasse da morte.

Foi então a minha vez de desabar em lágrimas. Lágrimas de gratidão por Deus ter salvo aquela vida e por ter permitido que eu participasse dessa Sua ação.

Quando nos despedimos, algumas horas depois, eu estava consciente de que o perigo ainda rondava. Abandonar uma pessoa doente, sabendo dessa condição, seria ato de extrema covardia e

181

desamor. Eu não tinha dúvida de que deveria agir e completar aquela ação da madrugada.

Sabia que Maxel – era o nome do meu novo amigo – precisava de cuidados médicos que não se resumiriam a uma consulta em hospital. O tratamento seria longo e, como ele se recusava a procurar a família, por vergonha da condição em que estava, em paralelo aos cuidados físicos, era preciso resgatar também a sua dignidade como ser humano.

Eu conhecia o lugar que ele precisava.

Há algum tempo visitava e auxiliava pessoas no centro de recuperação que a Igreja Batista da Lagoinha e outras instituições ajudavam a manter. Ali não havia exigência de professar a fé cristã, embora essa fosse a base dos que se propunham a ajudar.

Ligando para um amigo, que também era da Igreja e já fazia um trabalho nesse sentido, expliquei a situação, e, concordando, o Maxel aguardou, tomando grandes goles de água, a chegada daquele meu conhecido.

Quando subi a rampa do hospital novamente, foi para encontrar meu filho que acabava de receber alta médica. Sorrindo e restabelecido, contava ao pai as histórias que tinha ouvido na madrugada. Eu o observei em silêncio. Pela boa aparência que tinha, seria impossível dizer que havia passado tantas horas de desconforto.

Deus cumpre todas as Suas promessas.

Nas semanas seguintes, enquanto visitei o Maxel, pude ver a transformação. Era um outro homem, tinha novamente resgatada a sua dignidade e, acima de tudo, teve a oportunidade de recomeçar.

Eu sabia bem como se sentia. Entre as nossas conversas sobre fazendas e cavalos, vi nascer o brilho da vida e presenciei novamente o sopro de Deus.

Em uma ocasião, já sabendo da minha própria história, meu novo amigo indagou por que Deus, tendo a omnisciência e apesar das súplicas, permitiu que eu chegasse ao fundo do abismo para só então me tirar de lá. O Maxel fazia uma alusão clara de que Deus se atrasou no agir.

Eu não entendia dessa forma. A intervenção de Deus foi perfeita, como perfeito é tudo o que vem Dele.

Nos últimos tempos da doença, de fato acreditei que estivesse sozinha e abandonada. Naquele período conheci a dureza do mundo sobre a minha própria pele, e esse peso foi acrescentado à carga da dor que já carregava.

Quantos de nós, desejando fazer certo, erramos.

A vida é de fato simples, mas a complicamos a um tal ponto, que se torna pesada demais, e, como peões, rodamos sem ir a lugar nenhum. Apenas desperdiçando energia, afundamos.

Um dia eu soube a direção certa para mim e lutei com determinação, mas, ao longo da estrada, sai da rota. Elegendo o rumo equivocado, não encontrava mais como retornar. Ainda assim, sabia que o erro foi meu, logo, a consequência também viria sobre mim.

Esse foi o tempo em que deixei de ser quem eu era e, sendo uma estranha, não me reconheci mais. Estava de fato agindo como peão.

Quantos de nós, ao desabar, precisamos apenas de uma oportunidade para então, reconhecendo a culpa e arrependendo, fazer diferente.

Deus nos permite voltar ao rumo certo e caminhar novamente na estrada da vida. Quando isso acontece, temos outra vez a capacidade de crer no inimaginável, e ele se realiza.

Reconhecendo a omnisciência de Deus, compreendi que Ele, conhecendo mais de mim do que eu mesma, soube a fórmula exata para que eu aprendesse o necessário e retomasse o rumo.

Os ensinamentos postos em um livro se resumem ao que foi escrito nele, mas os ensinamentos de Deus, num único ato, têm o poder de se estender e ampliar infinitamente.

Dos ensinamentos que aprendi, veio a certeza de que as promessas do Senhor são cumpridas.

Um dia, duvidando, não consegui enxergar o que estava sobre mim. Aquele foi o tempo da desesperança em que caí no abismo, cega e com o espírito dilacerado.

Então, Ele veio e cumpriu, como prometido.

Aquietai-vos e sabei que eu sou Deus.

A maior vitória com que Deus nos abençoa não é nos livrando do inimigo ou dos perigos. Esses, Ele os varre e na maioria das vezes nem ficamos sabendo. Daí vem a necessidade de agradecer sempre, ainda que não saibamos o motivo. Já a grande vitória, essa vem da força que Ele nos dá sobre nós mesmos, porque essa requer nosso consentimento. A fé é um exercício.

Depois de conhecer, confiando que no tempo certo todas as portas se abririam, descansei e agi.

Enquanto organizava partes deste livro e trabalhava nas causas do Direito e nas ações com os grupos de auxílio à depressão clínica, pensava na viagem que faria daí a um mês para a primeira etapa do doutorado.

Seria um período de intensa atividade. As aulas aconteceriam das oito às dezenove horas, inclusive aos sábados, e eu estava cansada pelo esforço contínuo dos últimos dois anos.

Jesus, que é leve, me instruiu na Sua leveza, e agora eu estava livre da antiga culpa devastadora que sentia até mesmo quando precisava descansar nos momentos de cansaço ou quando cometia pequenos erros. Assim, me dei um mês inteiro de férias.

Naqueles dias de dezembro, rindo de mim mesma por errar o caminho do clube, passeei com meu filho. Ele agora, alto e desenvolvido para a idade, fez um pedido que me deixou encantada: queria aprender a nadar.

Nas semanas seguintes o ensinei, e pela primeira vez nadamos lado a lado.

No último dia do ano de 2016, o céu sem nuvens foi um convite irresistível para estender aquelas atividades na água, e, enquanto eu observava meu filho dando braçadas vigorosas, olhei a piscina à minha frente e, me erguendo, num impulso, saltei para dentro dela.

Mergulhando até o fundo, olhei ao redor. Sobre a minha cabeça pude ver o azul do céu e a cortina de raios de luz formada pelo sol, entrando pela água.

De forma deliberada e consciente, eu busquei Deus ali. Havia aprendido então a respeito da sabedoria que há no silêncio e, assim, orei, agradecendo por tudo.

Horas depois, enquanto caminhávamos de volta para casa, meu filho e eu nos sentamos debaixo de uma árvore frondosa, onde a abundância de vida se fazia visível em seu tronco e galhos fartos pela folhagem espessa. Aquela árvore, chamada da "promessa", era a mesma que um dia vi morta.

À noite, enquanto eu preparava a ceia, meu belo filho, bronzeado e com os cabelos mais claros pelo sol daqueles dias, me pegou pela mão e fomos juntos até a varanda ver a explosão dos fogos de artifício.

Começava o ano de 2017.

12. Reduzindo o impossível: o prédio do tobogã

Depois que voltei da primeira etapa do doutorado, mais esclarecida, fiquei extremamente entusiasmada com a área do Direito em Relações Internacionais. Como a bolsa de estudos era de concentração livre, eu poderia escolher, sem restrições, o tema que quisesse desenvolver e, assim, decidi dar novo rumo à minha carreira.

Um dia, eu mesma havia reduzido o meu mundo a papéis, aeroportos e aos impessoais quartos dos lugares por onde trabalhava. Quis me forçar a agir como uma máquina. Corria em função do relógio e, por detrás da tela do meu notebook, à noite e sozinha, via um mundo cada vez mais distante acontecer sem que participasse dele. Naquele tempo, não tinha a consciência do que fazia. Errando, acreditei estar certa, preparei uma armadilha para mim mesma e fiz isso quando, pela força, quis abafar e calar meus sonhos.

Deus, através da fé, que também é consciência e razão, não apenas havia me restituído a vida, como ainda dado a capacidade de compreender onde errei, e, tal qual o peregrino que caminha e toma rumo diverso do pretendido, eu também, reconhecendo o desvio, acertei a rota e segui novamente na direção que buscava.

Em função da bolsa concedida, teria ainda quatro anos para encontrar, no Brasil, uma colocação na área, que fosse de encontro a essa aspiração. Mas os acontecimentos se precipitaram.

Enquanto almoçava próximo ao Fórum com uma conhecida, parei meus olhos sobre um aviso dentre muitos. Era um edital que oferecia a oportunidade para os que fossem escolhidos fazer o curso de Direitos Humanos patrocinado pelo Governo do Estado de Minas Gerais.

Empolgada, peguei o celular e imediatamente entrei no site para ver em detalhes se estava apta a participar. Estava. Percebendo o que eu fazia, aquela conhecida, que além de advogada também era professora universitária, disparou:

— Esquece isso, Paola. Haverá muita concorrência, você não conhece ninguém no governo e, como não tem quem te indique, não conseguirá.

Aquela não era a primeira pessoa a dizer que eu não conseguiria alguma coisa. A diferença era que agora compreendia que não era a força da palavra do outro que me fizera muitas vezes vacilar e fracassar, era a minha própria fraqueza. Mas isso havia mudado e, claro, continuei a ler o edital.

Assim que cheguei em casa, liguei o computador, preenchi a ficha de inscrição e enviei os documentos requeridos. Sabia perfeitamente que não seria fácil, eram mais de seiscentos inscritos, todos altamente capacitados e ávidos por conseguir uma das trinta e duas vagas.

Exatos quinze dias depois, recebi uma ligação. No outro lado, a dona de uma voz suave me perguntou se eu não tinha aberto a caixa de e-mail, porque nele estava o resultado da seleção e eu estava entre os escolhidos para o curso do Governo.

Imediatamente me veio a lembrança de certa ocasião há tantos anos.

Eu estava numa imensa fazenda do interior do Estado e, com muitas outras pessoas, comemorava o término do processo legal numa bem sucedida fusão de empresas. Havia trabalhado por meses naquele procedimento e deveria estar orgulhosa por ter conduzido bem todo o negócio, sem falar que o serviço foi muitíssimo bem remunerado. Mas eu não estava, de fato, feliz.

Aquela advocacia mecânica, fria, extremamente calculada, não tinha uma gota de emoção. Me lembrei de que um dia a jovem Paola entendeu que leis devem servir pessoas e quis usar o Direito como meio de estar ligada diretamente à vida.

Esse pensamento ia além de uma simples aspiração. A partir do momento em que Deus me ensinou a não desistir, eu não desistiria de mais nada, incluindo a realização dos meus sonhos.

Com alegria, me preparei para aquelas aulas e, quando aconteceram, me surpreendi.

Na aula inaugural, enquanto caminhava com passos firmes em direção ao prédio onde o curso aconteceria, ergui os olhos e, olhando ao redor, instintivamente diminuí o ritmo. Do outro lado da calçada estava a entrada principal do pronto-socorro e, na mesma linha de visão, a entrada do prédio onde aconteceriam as aulas.

Quando entrei na sala, no décimo segundo andar daquela construção de paredes em vidro, fiquei maravilhada com a vista que tinha da cidade e, então, confortavelmente sentada, notei que, estando agora em um lugar tão mais alto, o próprio prédio do hospital, que antes considerei tão grande, ao tempo em que estive nele, pareceu pequeno.

Mas foi uma construção que vi que me deixou muda de espanto. Bem à frente do lugar onde foi designado meu assento estava o edifício que um dia olhei inerte na cama no hospital e que me fez sonhar com o impossível: o prédio do tobogã.

Não existem coincidências, e então pensei nos mistérios de Deus.

Há pouco mais de dois anos eu entrara naquele pronto-socorro como morta e, também ali, deitada, sem movimentos, numa cama próxima à janela, olhando o prédio que fazia lembrar um tobogã, sonhei em deslizar por ele e cair em águas claras.

Então me lembrei das palavras do médico naquela ocasião: "Paola, esqueça isso. Você nunca mais poderá entrar numa piscina porque, se entrar, vai afundar e se afogará".

Da lembrança daquela frase, foi a palavra "nunca" que me fez sorrir, pois, pela graça, eu não apenas voltei a entrar em uma piscina, como ainda mergulhei em muitas, muitas vezes, e agora estava diante da mesma visão, o prédio do tobogã, onde um dia desejei fazer isso.

"Deus tem bom humor", me disse um pastor certa vez. Eu jamais duvidei da verdade contida naquelas palavras.

Enquanto observava as duas construções, a do hospital em que fiquei e a outra que em minha imaginação ousei sonhar com o impossível, comecei a conversar com Deus, e ali estava mais um grande ensinamento: Deus não se submete a limites e não colocou limites ao que podemos pedir a Ele.

Uns poucos passos separavam os dois prédios fisicamente, mas aquela distância, tida como impossível, fora vencida pela graça e pela fé.

Quando, após algumas aulas, eu caminhava com um grupo de colegas, sabendo que eu era cristã, um deles brincou:

— Paola, aqui entre nós: você não tem a menor chance, somos todos ateus e, se você acredita, deveria ficar brava com Deus, porque Ele te jogou numa cova com leões – provocou em tom de brincadeira.

— Meu amigo, jamais me revolto com Deus. Se Ele me jogou numa cova com leões, querendo, me tira dela.

E olhando para o outro lado da rua onde o hospital se destacava, me lembrando da condição em que entrei ali, completei:

— Você não faz ideia de onde Deus já me fez retornar.

Eu certamente teria terminado a minha caminhada em 17 de agosto de 2014. Mas, então, o Sopro de Deus mudou tudo e o que era para ser o fim de uma vida se tornou o começo de outra.

Quando me lembro da tempestade e do deserto, imediatamente sinto a força da promessa. A promessa que sempre esteve lá e nunca foi ou será quebrada.

Seja forte e corajoso! Não se apavore e nem desanime, pois o Senhor, o seu Deus, estará com você por onde você andar.

Visite:
www.soprodedeus.com.br

FONTES Skia e Palatino
PAPEL Pólen Bold 70g/m²
IMPRESSÃO Artes Gráficas Formato